1일 1단어

영어를 다시 시작하는 가장 쉬운 방법

1일 1단어

마스터유진 지음

교보문고

이 책의 구성과 특징

Week 1

❶ 원어민 발음 & 뜻 음성 파일
그 주에 공부할 단어를 원어민 음성으로
들어볼 수 있도록 QR 코드 제공.
정확한 발음을 익히고 예습 효과까지 get!

— MP3 무료 다운로드 —
https://blog.naver.com/kbpublishing

DAY 79

dizzy [dízi] [디z|]

형 어지러운
— 품 dizziness: 명 어지러움

❷ 표제어 / 발음 표시
사용빈도 높은 단어와 영어·한글 발음기호 표기.
우리말에 없는 소리는 영어 알파벳과 합성하여
원어민에 가장 가까운 발음을 알려준다.

❸ 뜻 & 활용
실생활에서 가장 많이 쓰이는 뜻과 활용을 담았다.
* 품: 품사 변화, 불: 불규칙동사 변화

❹ 단어 설명

단어 뜻만 나열한 단어책은 그만! 이제 한 단어를 공부해도 제대로 하자.
Mayu 선생님의 친절한 설명을 통해 정확한 뜻과 쓰임새를 배운다.

Mayu Says

dizzy도 보통 feel과 함께 사용합니다. 예) I feel dizzy. = 나 어지러워.
light-headed란 단어도 있는데 저혈압 등으로 약간의 어지럼증을 느낄
때 사용하면 됩니다.

Related Words

#giddy (어지러운) #faint (실신하다) #pass out (기절하다)

Example Sentences

- I felt dizzy. = 나 어지러웠어.
- Do you feel dizzy? = 너 어지러워?
- If you feel dizzy, go and see your doctor. = 어지러우면 가서 의사
  를 만나봐.
- The song made me dizzy. = 그 노래가 날 어지럽게 만들었어.
- I feel light-headed. = 나 좀 어지러워.

❺ 연관어

표제어와 함께 알면 좋은 연관어를 제공해 학습 효율 up!

❻ 예문

단어는 결국 써먹을 수 있어야 한다.
실생활에서 많이 쓰는 예문을 다른 단어책들보다 듬뿍 담았다.

❼ 인덱스

영어 알파벳순으로 단어를 정리해 쉽게 찾아볼 수 있게 했다.

Week 1

lend [lénd] [렌드]

동 빌려주다
- 불 lend-lent-lent

Mayu Says

lend는 빌리는 게 아니라 빌려준다는 말입니다. borrow(빌리다)와 헷갈리지 마세요.

lend는 대가를 받고 빌려준다는(예: 대출) 뜻도 있지만, 무상으로 빌려준다는 의미도 있습니다.

Related Words

#borrow (빌리다) #loan (대출) #rent (대여하다)

Example Sentences

- I can lend you my money. = 너한테 내 돈 빌려줄 수 있어.
- Can you lend me $100? = 너 나한테 100달러 빌려줄 수 있어?
- Mayu lent me this tool. = 마유가 나한테 이 도구를 빌려줬어.
- Who lent you this money? = 누가 너한테 이 돈을 빌려줬니?
- We can't lend you any money. = 고객님께 돈을 빌려드릴 수가 없어요.

borrow [báːɾoʊ] [바뤄우]

통 빌리다
– 풀 borrower: 명 대출자

Mayu Says
앞서 말했듯이 borrow와 lend(빌려주다)를 혼동하지 마세요!
borrow 또한 금전적 대가를 치르고 빌리는 것일 수도 있고, 무상으로 빌리는 것이 될 수도 있습니다.

Related Words
#rent (대여하다) #lend (빌려주다) #loan (대출해주다)

Example Sentences
- Can I borrow your phone? = 네 전화기 좀 빌려도 돼?
- Ashley borrowed $5,000 from the bank. = Ashley가 은행에서 5,000달러를 빌렸어.
- I borrowed my brother's car. = 나 우리 형 차 빌렸어.
- Let me borrow your pen. = 네 펜 좀 빌릴게.
- I'll let you borrow my bike. = 너한테 내 오토바이 빌리게 해줄게.

cellphone [sélfoʊn] [쎌<u>폰</u>]

명 휴대폰

Mayu Says

cellphone 좋아요. cellular phone도 좋아요. mobile phone도 좋아요. 귀찮으면 그냥 phone도 괜찮아요. 아무튼 hand phone만 쓰지 마세요!

Related Words

#charger (충전기) #smartphone (스마트폰) #talk minutes (통화 시간)

Example Sentences

- Where did my cellphone go? = 내 휴대폰 어디 갔지?
- I've lost my phone again. = 나 휴대폰 또 잃어버렸어.
- I dropped my cellphone. = 나 휴대폰 떨어뜨렸어.
- This cellphone has many functions. = 이 휴대폰은 기능이 많아요.
- Call me on my cellphone. = 내 휴대폰으로 전화해.

charger [tʃáːrdʒə(r)] [촬줠]

명 충전기
– 품 charge: 동 충전시키다

Mayu Says
charge는 사실 '기운을 모으다'라는 의미의 동사입니다.
참고로 '전화용' 충전기임을 확실히 하고 싶다면 phone charger라고 하
면 됩니다.

Related Words
#outlet (콘센트) #charging station (전기자동차 충전소)
#rechargeable battery (충전지)

Example Sentences
- Do you have chargers here? = 여기 충전기 팔아요?
- You can use my charger. = 내 충전기 써도 돼.
- I need a charger for my phone. = 나 전화 충전기 필요해.
- My charger is broken. = 내 충전기 고장 났어.
- Buy an extra charger. = 충전기를 하나 더 사.

outlet [áʊtlet] [아웃릿]

명 콘센트

Mayu Says
outlet은 할인몰이라는 의미로도 쓰이지만, 코드를 꽂는 콘센트라는 뜻
도 가지고 있습니다('콘센트'는 틀린 표현이라는 말). socket이라는 단어
를 써도 좋습니다.

Related Words
#electricity (전기) #power strip (멀티탭) #plug in (플러그를 꽂다)

Example Sentences
- Where is the outlet? = 콘센트 어디 있어?
- There's no outlet in the room. = 그 방에는 콘센트가 없어.
- There's an outlet on the wall. = 벽에 콘센트 있어.
- Is there an outlet in the cafe? = 카페에 콘센트 있나요?
- The outlet is not working. = 콘센트가 작동을 안 하네요.

cab [kæb] [캡]

명 택시

Mayu Says
cab은 taxi와 같은 의미의 단어입니다. 뉴욕에서는 택시 대부분이 노란색이기 때문에 yellow cab이라고도 합니다. 택시를 잡는다고 할 땐 grab a cab/taxi라고 하면 됩니다.

Related Words
#hail a taxi (손짓으로 택시를 잡다) #passenger (승객) #limousine (리무진!)

Example Sentences
- Let's grab a cab. = 택시를 잡자.
- I am a cab driver. = 저는 택시 운전기사예요.
- It's not easy to grab a cab here. = 여기서 택시 잡는 거 쉽지 않아요.
- Could you call a cab for me? = 절 위해 택시 좀 불러주실 수 있나요?
- The cab hit a pole. = 그 택시는 기둥을 박았어.

laugh [lǽf] [래애f]

동 웃다
- **품** laugh; **명** 웃음

Mayu Says
laugh는 소리 내어 웃는다는 말이지 smile처럼 표정만으로 미소 짓는다는 말이 아닙니다.
채팅 용어로 많이 쓰는 LOL은 laugh out loud를 줄인 표현인 것도 알아두세요.

Related Words
#giggle (키득거리다) #chuckle (조용히 웃다) #cry (울다)

Example Sentences
- I laughed out loud! = 나 소리 내서 웃었잖아!
- Are you laughing at me? = 너 나 비웃는 거야?
- We couldn't stop laughing. = 웃는 걸 멈출 수가 없었어.
- Don't laugh at me. = 날 비웃지 마.
- We laughed and cried. = 우린 웃고 울었지.

Week 2

yawn [jɔ́:n] [요언]

동 하품하다
– **품** yawn: **명** 하품

Mayu Says
yawn은 '하품하다'라는 뜻이지만 하품하는 소리를 표현할 때 쓰기도 합니다. "아함~"처럼 말이죠.
yarn(실)이라는 단어와 발음이나 스펠링이 비슷해 헷갈릴 수 있으니 주의하세요.

Related Words
#worn out (지친) #bored (지루함을 느끼는) #stretch (기지개를 켜다)

Example Sentences
- I can't stop yawning. = 하품하는 걸 멈출 수가 없네.
- Why are you yawning? = 너 왜 하품해?
- Stop yawning. = 하품 그만해.
- Did you just yawn? = 너 방금 하품했어?
- I yawned because I was bored. = 나 지루해서 하품했잖아.

sneeze [sníːz] [스니즈]

동 재채기하다
– 품 sneeze: 명 재채기

Mayu Says
재채기할 때 내는 소리는 "Achoo(아추)!"로 표기합니다.
옆 사람이 재채기를 하면 건강을 기원해주는 표현인 "Bless you!"라고 해주세요.

Related Words
#cough (기침하다) #sniffle (훌쩍거리다) #the flu (독감)

Example Sentences
- I keep sneezing. = 재채기가 계속 나오네.
- She kept coughing and sneezing. = 걔는 계속 기침하고 재채기했어.
- I can't stop sneezing. = 재채기를 못 멈추겠어.
- I'm about to sneeze. = 재채기 나오려고 해.
- A: Achoo! = 에취!
  B: Bless you! = 건강 회복하길 바랍니다!

cough [kɔ́:f] [코어 f]

동 기침하다
– **품** cough: **명** 기침

Mayu Says

콜록대는 기침 소리도 cough로 표현할 수 있습니다. "Cough! Cough! (콜록! 콜록!)" 이렇게요.

마른기침은 dry cough라고 합니다.

Related Words

#sneeze (재채기하다) #throat (목구멍) #phlegm (가래)

Example Sentences

- I keep coughing. = 기침이 계속 나와.
- I can't stop coughing. = 기침이 멈추질 않네.
- Coughing is the first symptom. = 기침이 첫 증상입니다.
- Who just coughed? = 방금 기침한 사람 누구야?
- It was a dry cough. = 그건 마른기침이었어.

excited [ɪksáɪtɪd] [익싸이틷]

형 신난, 흥분한
- **품** excite: **동** 흥분시키다

Mayu Says
흥분을 느끼는 사람은 excited된 것이고 남을 신나게 만드는 주체는 exciting한 겁니다. 예를 들어, 제가 excited된 이유는 exciting한 소식을 들었기 때문이죠.

Related Words
#thrilled (아주 신난) #psyched (아주 들뜬) #depressed (우울한)

Example Sentences
- I am so excited! = 나 엄청 신나!
- Are you guys excited, too? = 너희도 신나?
- You don't look excited. = 너 신나 보이지가 않네.
- We are excited for the concert! = 우리 그 콘서트 때문에 신나!
- Don't be so excited. = 그렇게 흥분하지는 마.

hiccup [híkʌp] [히컾]

동 딸꾹질하다
– **품** hiccup; **명** 딸꾹질

Mayu Says
딸꾹질한다고 할 땐 hiccup이란 동사를 써도 좋고, hiccup을 명사로 만든 후 have hiccups라고 써도 됩니다. 이때 hiccup을 복수로 쓰는 것 잊지 마세요!

Related Words
#hiccough (딸꾹질) #stutter (말을 더듬다) #scare (겁주다)

Example Sentences
- My baby keeps hiccupping. = 우리 아기가 계속 딸꾹질해요.
- I felt embarrassed because I kept hiccupping. = 계속 딸꾹질해서 민망했어.
- I've been hiccupping all day. = 종일 딸꾹질하고 있어.
- If you want to stop hiccupping, drink some water. = 딸꾹질 멈추고 싶으면 물을 좀 마셔.
- Mindy started hiccupping again. = Mindy가 또 딸꾹질하기 시작했어.

drunk [drʌ́ŋk] [드륑크]

형 취한

Mayu Says

drunk는 단독으로도 쓸 수 있고, 명사를 수식할 수도 있습니다.

예) I'm drunk. / a drunk person.

반면 drunken은 대부분 명사를 수식할 때만 씁니다.

예) I'm drunken. (X) / a drunken party. (O)

Related Words

#wasted (만취한) #sober (술이 깬) #drunk driving (음주운전)

Example Sentences

- Ashley is drunk. = Ashley 취했네.
- I'm not drunk. = 나 안 취했어.
- Are you already drunk? = 너 벌써 취했어?
- Look at that drunk guy. = 저 취한 남자 좀 봐.
- I just saw a drunken person. = 나 방금 취한 사람 봤어.

sober [sóʊbər] [쏘우벌]

형 술이 깬
– **품** soberness: **명** 취하지 않은 상태

Mayu Says
sober는 쉽게 말해 drunk의 반대말입니다. 술이 깼다는 말이지 잠에서 깼다는 말이 아니에요. 그럴 땐 awake를 써야 하죠.

Related Words
#conscious (의식이 깬) #hangover (숙취) #drunk (술에 취한)

Example Sentences
• I'm already sober. = 나 벌써 술 깼어.
• You're not sober yet. = 너 술 아직 안 깼어.
• Are you already sober? = 너 벌써 술 깼니?
• I thought Eddie was sober. = 난 Eddie가 술 깬 줄 알았어.
• Perry is 10 years sober. = Perry는 10년간 술이 깼어. → Perry는 10년간 금주했어.

Week 3

plastic bag

[plǽstɪk bǽg] [플라스틱 백]

명 비닐봉지

Mayu Says

우리가 흔히 쓰는 비닐봉지는 vinyl bag이 아님을 이제는 깨달아야 합니다!

참고로 종이봉투는 paper bag 혹은 brown bag이라고 합니다.

Related Words

#vinyl (비닐) #paper bag (종이봉투) #recyclable bag (재활용 가방)

Example Sentences

- Do you need a plastic bag or a paper bag? = 비닐봉지나 종이봉투 필요하세요?
- Put it in a plastic bag. = 그거 비닐봉지에 넣어.
- Try not to use plastic bags. = 비닐봉지를 쓰지 않으려고 해봐.
- The gift is in the plastic bag. = 그 선물 그 비닐봉지 안에 있어.
- Can plastic bags be recycled? = 비닐봉지도 재활용이 되나요?

bark [báːrk] [발크]

통 짖다
– **품** bark: **명** 짖는 소리

Mayu Says

bark는 개가 짖는다는 뜻인데, 작은 개가 캥캥대며 시끄럽게 짖을 땐 yap 을 쓰세요. 경계하거나 위협하며 으르렁댈 때는 growl을, 무섭거나 아파 서 깨갱댈 때는 yelp를 씁니다.

Related Words

#snarl (으르렁대다) #howl (울부짖다) #roar (큰 동물이 포효하다)

Example Sentences

- Stop barking! = 그만 짖어!
- Why is your dog barking? = 너희 개 왜 짖는 거야?
- My dog barked at me. = 우리 개가 나한테 짖었어.
- My puppy started yapping. = 우리 강아지가 캥캥대기 시작했어.
- Gosh…. He's barking again. = 맙소사…. 얘가 또 짖네.

awesome [ɔ́:səm] [어썸]

형 멋진
– **품** awesomeness: **명** 멋짐

Mayu Says
awesome은 cool보다 멋지다는 느낌을 더 강하게 줍니다.
발음할 때는 강세가 awe에 많이 실리기 때문에 실제 발음은 "어썸"에 가
까워집니다.

Related Words
#fabulous (멋진) #pathetic (형편없는) #okay (그럭저럭 괜찮은)

Example Sentences
- This book is awesome! = 이 책 멋진데!
- The movie was awesome! = 그 영화 멋졌어!
- This is an awesome sports car! = 이거 멋진 스포츠카인데!
- It was an awesome experience. = 멋진 경험이었어.
- What an awesome phone! = 엄청 멋진 전화기다!

selfish [sélfɪʃ] [셀f l쉬]

형 이기적인
– **품** selfishly: **부** 이기적으로

Mayu Says

명사 뒤에 ish를 추가하면 그 명사의 성향을 가지고 있다는 뜻의 형용사가 됩니다. selfish는 'self(자신)만 생각하는 성향을 가지고 있는', 즉 '이기적인'이라는 뜻의 형용사가 되는 거죠.

Related Words

#selfless (이타적인) #self-centered (자기중심적인) #mean (못된)

Example Sentences

- Your boyfriend is so selfish! = 네 남자친구 엄청 이기적이다!
- I hate selfish people. = 난 이기적인 사람들이 싫어.
- You are all selfish! = 당신들 전부 이기적이야!
- Don't be so selfish! = 그렇게 이기적으로 굴지 마!
- How selfish! = 엄청 이기적이네!

wear [wér] [웨얼]

동 입은 상태다
– 불 wear-wore-worn

Mayu Says

wear은 단추를 채우거나 지퍼를 올리는 등 옷을 입는 동작을 말하는 게 아니라, 옷이 이미 걸쳐져 있는 상태를 말합니다. 아무 행동도 안 하고 옷을 입은 상태로 멍하니 서 있어도 wear인 거죠.

Related Words

#naked (벗은 상태다) #put on (입는 동작을 하다) #take off (벗는 동작을 하다)

Example Sentences

- I'm wearing a skirt. = 나 치마 입고 있어.
- Are you wearing my blouse? = 너 내 블라우스 입고 있는 거야?
- I wore a hoodie yesterday. = 나 어제 후드티 입었어.
- I never wear a suit. = 나 절대 정장은 안 입어.
- What are you wearing now? = 너 지금 뭐 입고 있어?

put on [pʊt ɔ́ːn] [풋 오언]

동 입는 동작을 하다
– **불** put-put-put

Mayu Says
put on은 wear과는 달리 단추를 채우거나 지퍼를 올리는 등 옷 입는 동작을 말합니다. 모자를 쓸 때, 신발을 신을 때도 쓰고 심지어 화장하는 동작을 말할 때도 put on을 씁니다.

Related Words
#wear (입은 상태다) #naked (벗은 상태다) #take off (벗는 동작을 하다)

Example Sentences
- Put on some clothes. = 옷 좀 입어.
- Putting on skinny jeans is not easy. = 스키니진 입는 거 쉽지 않아.
- I'm putting on makeup. = 나 화장하고 있어.
- Put on this hat. = 이 모자 써.
- Hello? I'm sorry. I was putting on my high heels. = 여보세요? 미안. 나 하이힐 신고 있었어.

take off [téɪk ɔ́ːf] [테익 어f]

동 벗는 동작을 하다
– **불** take-took-taken

Mayu Says
take off는 단추를 풀거나 지퍼를 내리는 등 옷을 벗는 동작을 나타냅니다. naked처럼 이미 벗은 상태를 말하는 게 아닙니다. get undressed라는 표현을 써도 좋습니다.

Related Words
#naked (벗은 상태다) #put on (입는 동작을 하다) #get dressed (입는 동작을 하다)

Example Sentences
- Take off your socks. = 양말 벗어.
- I took off the heavy coat. = 나 그 무거운 코트 벗었어.
- Should I take off my shoes? = 신발 벗어야 할까요?
- Could you take off your hat? = 모자 좀 벗어주시겠어요?
- I had to take off the wet shirt. = 난 그 젖은 셔츠를 벗어야만 했어.

Week 4

dress shirt

[drés ʃɜːrt] [드뤠쓰 셜트]

명 와이셔츠

Mayu Says
흔히 와이셔츠 혹은 남방셔츠라고 하는 것은 영어로 y-shirt가 아닙니다.
일반 셔츠와 마찬가지로 단수는 shirts가 아니라 shirt입니다.

Related Words
#dress shoes (정장 구두) #suit (정장) #bow tie (나비넥타이)

Example Sentences
- I should iron my dress shirt. = 나 와이셔츠 다려야겠어.
- The dress shirt was too tight. = 그 와이셔츠 너무 꽉 꼈어.
- How much are these dress shirts? = 이 와이셔츠들 얼마예요?
- I have something on my dress shirt. = 내 와이셔츠에 뭐 묻었어.
- This is an expensive dress shirt. = 이거 비싼 와이셔츠야.

shorts [ʃɔ́ːrts] [쇼얼츠]

명 반바지
– **품** short; **형** 짧은

Mayu Says
shorts는 short pants를 편의상 줄인 말이며 복수 취급합니다.
길이가 심하게 짧은 반바지는 hot pants 혹은 short shorts라고 부릅니다.

Related Words
#jeans (청바지) #slacks (슬랙스) #trousers (바지)

Example Sentences
- Where are my shorts? = 내 반바지 어디 있지?
- She's wearing new shorts. = 걔 새 반바지 입고 있어.
- Are you wearing my shorts? = 너 내 반바지 입고 있는 거니?
- I wore shorts to work. = 나 반바지 입고 출근했어.
- I can't wear short shorts. = 나 짧은 반바지 못 입어.

jean [dʒíːn] [쥐인]

명 청바지

Mayu Says
청바지 직물 자체는 jean이 맞지만, 일반적으로 '바지'라는 의미로 쓸 땐
복수(jeans)로 씁니다. 한 벌임을 강조할 때는 a pair of jeans라고 써도
좋습니다.

Related Words
#slacks (바지) #shorts (반바지) #tights (타이츠)

Example Sentences
- Where are my jeans? = 내 청바지 어디 있지?
- These are my go-to jeans. = 이게 내가 자주 입는 청바지야.
- I bought a pair of jeans. = 나 청바지 한 벌 샀어.
- You look cute in those jeans. = 너 그 청바지 입으니까 귀여워 보여.
- I paid $50 for these jeans. = 나 이 청바지 50달러 줬어.

hoodie [húdi] [후디]

명 후드티(모자 달린 옷)

Mayu Says
hood shirt 혹은 hood T는 콩글리시입니다. hood는 뚜껑이나 덮개를 말
하는데, hoodie에 달린 모자가 그런 역할을 하는 것이죠.

Related Words
#hood (덮개) #cap (모자) #cardigan (카디건)

Example Sentences
- This hoodie looks so cute! = 이 후드티 엄청 귀엽다!
- My girlfriend got me this hoodie. = 여자친구가 이 후드티 사줬어.
- How much is this hoodie? = 이 후드티 얼마예요?
- This hoodie is not for sale. = 이 후드티는 판매용이 아닙니다.
- I ordered a hoodie online. = 나 온라인으로 후드티 주문했어.

sneaker(s) [sníːkər] [스니컬]

📖 운동화

Mayu Says

sneaker(s)도 일반 신발(shoe)처럼 한 짝은 단수, 한 켤레(한 쌍)는 복수로 쓰세요.

예) Where is my sneaker? → Where are my sneakers? (한 켤레를 찾는 경우)

Related Words

#a pair of sneakers (운동화 한 켤레) #dress shoes (정장 구두) #high heels (하이힐)

Example Sentences

- I bought a pair of sneakers. = 나 운동화 한 켤레 샀어.
- I love your new sneakers. = 네 새 운동화 엄청 마음에 든다.
- Are these your sneakers? = 이거 네 운동화야?
- White sneakers are always right. = 흰 운동화는 항상 옳지.
- These sneakers are too small. = 이 운동화 너무 작아요.

flip flop(s)

[flɪp flɑːp] [플립플랖]

명 플립플롭

Mayu Says

flip flop은 엄지와 검지 발가락 사이에 strap(끈)이 지나가는, 흔히 조리
라고 부르는 슬리퍼를 말합니다. 한 짝을 말할 땐 단수로도 쓰지만 일반
적으로는 한 켤레를 뜻하는 복수로 씁니다.

Related Words

#flats (플랫슈즈) #sandals (샌들) #sneakers (운동화)

Example Sentences

- How much are these flip flops? = 이 플립플롭 얼마예요?
- Don't forget to bring flip flops. = 플립플롭 가져오는 거 잊지 마.
- These flip flops are for kids. = 이 플립플롭은 아동용이에요.
- I bought a pair of flip flops. = 나 플립플롭 한 켤레 샀어.
- He wore flips flops on our first date. = 걔는 우리 첫 데이트에 플립
  플롭을 신었어.

sleeve(s) [slí:v] [슬리이ㅂ]

명 소매

Mayu Says
콕 짚어 소매 한쪽만 얘기하는 게 아닌 이상 보통 복수로 씁니다.
소매를 걷어 올린다고 말하려면 roll up one's sleeves라고 하면 됩니다.

Related Words
#coffee sleeve (커피 홀더) #pocket (주머니) #button (단추)

Example Sentences
- He rolled up his sleeves. = 그가 소매를 걷어 올렸어.
- The sleeves look dirty. = 소매가 더러워 보여.
- The sleeves are too short. = 소매가 너무 짧아요.
- She rolled down her sleeves. = 그녀는 소매를 내렸어.
- The tailor shortened the sleeves for me. = 그 재단사가 소매를 줄여줬어.

Week 5

fall [fɔːl] [풜]

동 넘어지다
- 불규 fall-fell-fallen

Mayu Says
fall은 떨어진다는 의미도 되지만 넘어진다는 뜻도 됩니다.
slip이란 단어도 있는데, 이건 발을 헛디뎌 넘어질 뻔한 동작을 말합니다.

Related Words
#trip (발을 헛디디다) #fall down (넘어지다) #drop (떨어뜨리다)

Example Sentences
- I almost fell. = 나 넘어질 뻔했어.
- I don't want to fall. = 나 넘어지기 싫어.
- She fell down again. = 걔 또 넘어졌어.
- You might fall down. = 너 넘어질지도 몰라.
- He tripped and fell. = 걔는 발을 헛디디고 넘어졌어.

lean [líːn] [리인]

동 기울이다
– **품** lean: **형** 기름기가 없는

Mayu Says

lean 자체는 몸을 기울이는 것을 말하지만 on과 함께 쓰면 추상적으로 '의지하다'라는 뜻이 되고, against와 함께 쓰면 물리적으로 '기대다'라는 뜻이 됩니다.
앞/뒤로 기울인다고 할 땐 lean forward/backward라고 쓰세요.

Related Words

#bend (굽히다) #fold (접다) #straighten up (똑바로 하다)

Example Sentences

- I leaned my body. = 난 내 몸을 기울였어.
- Don't lean against my car. = 내 차에 기대지 마.
- Lean on me. = 나한테 의지해.
- Lean forward a little bit. = 앞으로 약간 기울여.
- Do not lean backward. = 뒤로 기울이지 마세요.

itchy [ɪtʃi] [이치]

형 가려운
– **품** itchiness : **명** 가려움

Mayu Says
단독으로 써도 되고, itchy nose처럼 명사를 앞에서 꾸며줘도 좋습니다.
itch(가렵다)라는 동사도 함께 알아두세요.

Related Words
#tickle (간지럽히다) #rash (두드러기) #sore (따가운)

Example Sentences
- My eyes are so itchy. = 눈이 엄청 가려워.
- I have itchy hands. = 손이 가려워.
- Is your head itchy? = 머리가 가렵니?
- My back is itchy. = 등이 가려워.
- The leggings gave me itchy legs. = 그 레깅스 때문에 다리가 간지러워.

plate [pleɪt] [플레잇]

명 접시

Mayu Says

plate는 얇고 넓적한 판을 말합니다. 식사에 사용하는 접시만 뜻하는 게
아니죠. 예를 들어, 자동차 번호판도 얇고 넓적하기 때문에 license plate
이라고 합니다.

Related Words

#plating (도금) #bowl (그릇) #saucer (잔 받침)

Example Sentences

- We need extra plates. = 저희 접시 더 필요해요.
- Put the salmon on this plate. = 그 연어를 이 접시 위에 올려놔.
- My baby dropped the plate. = 제 아기가 그 접시를 떨어뜨렸어요.
- Put the plates on the table. = 식탁에 그 접시들을 올려놔.
- My mom gave me these plates. = 우리 엄마가 이 접시들을 주
  셨어.

veggie [védʒi] [베쥐]

명 채소

Mayu Says
veggie는 편의를 위해 vegetable을 줄인 단어이며 보통 셀 수 있는 단어로 취급합니다. 글을 쓸 땐 vegetable을 추천하지만 회화에서는 veggie의 사용빈도가 월등합니다.

Related Words
#fruit (과일) #vegetarian (채식주의자) #leafy (풀이 무성한)

Example Sentences
- My son hates veggies. = 우리 아들은 채소 싫어해.
- Eat a lot of veggies. = 채소를 많이 먹어.
- We need more veggies. = 우리 채소 더 필요해.
- You must eat veggies. = 너 채소 꼭 먹어야 해.
- I bought some fresh veggies. = 나 신선한 채소 좀 샀어.

fridge [frídʒ] [f̣리쮜]

명 냉장고

Mayu Says
fridge는 발음과 스펠링 표기의 편의를 위해 refrigerator를 줄인 단어
입니다. 글을 쓸 때는 refrigerator를 사용하는 것이 좋지만, 회화에서는
fridge의 사용빈도가 훨씬 높습니다.

Related Words
#freezer (냉동실) #ice cube tray (얼음 트레이) #thaw (해동하다)

Example Sentences
- Put it in the fridge. = 그거 냉장고에 넣어.
- The fridge is not working. = 냉장고가 작동을 안 해.
- We need a new fridge. = 우리는 새 냉장고가 필요해.
- What's in the fridge? = 냉장고 안에 뭐가 있는데?
- The milk is in the fridge. = 우유는 냉장고에 있어.

rice cooker

[ráɪs kʊkə(r)] [롸이쓰 쿠컬]

명 밥솥

Mayu Says

cooker은 밥솥입니다. 요리사를 cooker라고 부르면 그 사람을 밥솥으로 만들어버리는 거란 말이죠. 희한하게도 요리사라는 단어는 cook입니다.

Related Words

#rice steamer (밥통) #white rice (백미) #brown rice (현미)

Example Sentences

- We bought a new rice cooker. = 우리 새 밥솥 샀어.
- Rice cookers are quite expensive. = 밥솥은 꽤 비싸.
- I bought a used rice cooker. = 나 중고 밥솥 샀어.
- How much is this rice cooker? = 이 밥솥 얼마예요?
- Mayu is not a good cook. = 마유는 요리를 잘 못해.

Week 6

microwave

[máɪkrəweɪv] [마이크로웨이ㅂ]

명 전자레인지
– **품** microwave **: 동** 전자레인지에 돌리다

Mayu Says

전자레인지를 그대로 번역해서 electric range라고 하지 마세요. 콩글리시입니다.

전자레인지에서 꺼낸다고 할 땐 take something out of the microwave 라고 하면 됩니다.

Related Words

#oven (오븐) #gas stove (가스레인지) #heat up (데우다)

Example Sentences

- What's in the microwave? = 전자레인지 안에 뭐가 있는데?
- Put it in the microwave. = 그거 전자레인지에 넣어.
- Heat it up in the microwave. = 그거 전자레인지로 데워.
- The microwave is not working. = 전자레인지가 작동을 안 해.
- I bought a cheap microwave. = 나 싸구려 전자레인지 샀어.

gas stove

[gǽs stóʊv] [개쓰 스토우ㅂ]

명 가스레인지

Mayu Says

연음이 있어 실제로는 "개쓰토우ㅂ"에 가깝게 발음됩니다.

간단하게 stove라고도 해도 좋습니다. 전기로 작동하는 stove는 electric stove라고 하면 됩니다.

가스레인지를 그대로 번역해서 gas range라고 하면 안 돼요!

Related Words

#microwave (전자레인지) #spatula (뒤집개) #on low heat (약한 불에)

Example Sentences

- This gas stove is too old. = 이 가스레인지 너무 오래됐어.

- Can I use the gas stove? = 가스레인지 써도 돼요?

- I bought a gas stove for my daughter. = 나 우리 딸한테 가스레인지 사줬어.

- We need a new gas stove. = 우리 새 가스레인지 필요해.

- Is using a gas stove safe? = 가스레인지 사용하는 거 안전해요?

washing machine

[wɑ́ːʃɪŋ məʃíːn] [와슁 머쉰]

명 세탁기

Mayu Says
wash는 '물로' 씻는다는 의미입니다. washing machine이 너무 길다?
그럼 washer라고만 해도 좋아요.
참고로 건조기는 drying machine 혹은 dryer입니다.

Related Words
#laundry (세탁소) #rinse (헹구다) #machine-wash (세탁기로 빨다)

Example Sentences
- Where's the washing machine? = 세탁기 어디 있어?
- This is a used washing machine. = 이거 중고 세탁기야.
- I have a 10-year-old washing machine. = 나 10년 된 세탁기 있어.
- I got the newlyweds a washing machine. = 나 그 신혼부부한테
  세탁기 사줬어.
- Put your clothes in the washer. = 세탁기에 네 옷을 넣어.

dishwasher

[díʃwɑːʃə(r)] [디쉬와셜]

명 식기세척기

Mayu Says

dish는 요리라는 뜻도 되지만 일반적인 접시를 의미하기도 합니다. 그걸 물로 씻는 기계(washer)이니 dishwasher가 되겠죠. '설거지하다'라는 동사는 wash the dishes입니다.

Related Words

#drain board (식기 건조대) #dishwashing liquid (식기 세제) #sink (싱크대)

Example Sentences

- Buy me a dishwasher. = 나 식기세척기 사줘.
- I don't need a dishwasher. = 나 식기세척기 필요 없어.
- Dishwashers are useless. = 식기세척기는 쓸모가 없어.
- How much is this dishwasher? = 이 식기세척기 얼마예요?
- The dishwasher did everything for me. = 식기세척기가 다 해줬어.

vacuum [vǽkjuəm] [ㅂ내큠]

동 진공청소기로 청소하다
– 품 vacuum: 명 진공

Mayu Says
진공청소기를 돌린다는 걸 굳이 clean something with a vacuum cleaner라고 길게 말할 필요 없이 이 단어 하나면 끝낼 수 있습니다. vacuum-clean이라고 써도 의미는 같습니다.

Related Words
#sweep (쓸다) #mop (대걸레질하다) #clean up (청소하다)

Example Sentences
- I'll vacuum the living room. = 내가 거실을 진공청소기로 청소할게.
- Don't forget to vacuum the bedroom. = 침실을 진공청소기로 청소하는 거 잊지 말아요.
- Wendy vacuumed the carpet. = Wendy가 카펫을 진공청소기로 청소했어.
- Did you vacuum the kitchen? = 너 부엌 진공청소기로 청소했어?
- I already vacuum-cleaned my room. = 나 벌써 내 방 진공청소기로 청소했어.

iron [áɪərn] [아이언]

통 다림질하다
– 품 iron: 명 다리미

Mayu Says
iron을 더 이상 "아이롱"이라고 발음하지 마세요. 이 단어는 희한하게도 r과 o의 위치를 바꾸어 발음합니다.
iron 대신 press란 단어를 써도 좋습니다

Related Words
#fold (옷을 개다) #wrinkle (주름) #laundry (세탁소)

Example Sentences
- You should iron your shirt. = 너 셔츠 다림질해야겠다.
- Could you iron my dress shirt? = 제 와이셔츠 좀 다려줄래요?
- Let me iron your pants. = 내가 네 바지 다려줄게.
- I forgot to iron my dress shirt. = 나 와이셔츠 다리는 거 깜빡했어.
- You don't have to iron this jacket. = 이 재킷은 안 다려도 돼.

stink [stíŋk] [스팅크]

동 악취가 나다
- 불 stink-stank-stunk

Mayu Says

stink는 일반 동사인데 형용사처럼 is stink 등으로 쓰는 실수가 잦습니다. 주의하세요.

stink는 슬랭으로 형편없다는 의미도 됩니다. 예) This party stinks! = 이 파티 형편없네! *슬랭(slang): 속어, 은어

Related Words

#stinky (악취가 나는) #funky (악취가 나는) #smelly (냄새/악취가 나는)

Example Sentences

- Your hair stinks. = 너 머리 냄새나.
- My feet stink. = 나 발 냄새나.
- His fart stank so much. = 그의 방귀는 엄청 악취가 났어.
- Does my hair stink? = 나 머리 냄새나?
- Emily has stinky feet. = Emily는 발 냄새가 나.

Week 7

bite [báɪt] [바잇]

醤 물다
– 劊 bite-bit-bitten

Mayu Says
모기는 물고, 벌은 쏜다고 표현하기 때문에 bite(물다)과 sting(쏘다)을
구분해서 쓰세요. 모기는 쏘는 게 아니라 입이 침처럼 변형된 것이라서
의외로 bite을 씁니다.

Related Words
#mosquito (모기) #mosquito bite (모기에 물린 곳) #bee (벌)

Example Sentences
- A mosquito bit me. = 모기가 물었어.
- The dog could bite you. = 그 개가 널 물 수도 있어.
- Don't bite me! = 날 물지 마!
- I am going to bite you! = 널 물어버릴 거야!
- Something bit my foot. = 뭔가 내 발을 물었어.

melt [mélt] [멜트]

图 녹다

Mayu Says
melt는 보통 고체가 액체로 녹는다고 할 때 사용합니다. 언 음식 등이 해동된다고 할 때는 thaw를 사용합니다.

Related Words
#melt down (녹아내리다) #thaw (해동되다) #freeze (얼다)

Example Sentences
- It melts in water. = 그건 물에 녹아.
- The snow is melting. = 눈이 녹고 있어.
- The witch melted. = 그 마녀는 녹아버렸어.
- The sugar melted fast. = 그 설탕은 빠르게 녹았어.
- Your ice cream is melting! = 네 아이스크림 녹고 있어!

downstairs

[dáʊnsterz] [다운스테얼ㅈ]

부 아래층으로

Mayu Says
downstairs는 '아래층'이라는 명사도 되지만 '아래층으로', '아래층에서', '아래층에' 등의 부사도 됩니다. 그러니 to(으로), on(에) 등의 전치사가 필요 없는 경우가 대부분입니다.

Related Words
#upstairs (위층으로) #outside (밖으로) #home (집으로)

Example Sentences
- Come downstairs. = 아래층으로 와.
- The kids are playing downstairs. = 애들은 아래층에서 놀고 있어.
- Are you downstairs? = 너 아래층에 있니?
- Who's downstairs? = 누가 아래층에 있지?
- My sister is cooking upstairs. = 우리 누나 위층에서 요리 중이야.

highly [háɪli] [하일리]

 매우

Mayu Says

high에 ly가 붙어 있다고 해서 '높게'라고 해석해선 안 됩니다(엄청 잦은 실수). '높게'라고 하고 싶을 땐 그냥 high를 쓰세요. 그것도 부사가 되니까요.

Related Words

#very much (매우) #lowly (하찮은) #height (높이)

Example Sentences

- I highly recommend it. = 전 그걸 매우 추천합니다.
- The project was highly successful. = 그 프로젝트는 매우 성공적이었습니다.
- I highly doubt it. = 난 그걸 매우 의심해. → 아마 아닐 거야.
- Caffeine is highly addictive. = 카페인은 매우 중독성이 있어.
- The driver was highly skilled. = 그 운전사는 매우 실력 있었어.

lately [léɪtli] [레잇리]

튀 최근에

Mayu Says
late에 ly가 붙어 있다고 '늦게'라고 해석하면 안 됩니다(엄청 잦은 실수). '늦게'라고 할 땐 late를 쓰세요. 'She arrived lately'가 아니라 'She arrived late'입니다.

Related Words
#recently (최근에) #these days (요즘에는) #before (예전에는)

Example Sentences
- She has been quiet lately. = 그녀는 최근에 조용해.
- I have been lazy lately. = 나 최근에 게을렀어.
- Have you seen Mayu lately? = 너 최근에 마유 본 적 있어?
- Have you taken a trip lately? = 너 최근에 여행한 적 있어?
- What are you up to lately? = 최근에 뭐 하고 지내?

mad [mǽd] [맫]

형 화난
– 품 madness: 명 광란

Mayu Says

'화난'이라는 뜻의 형용사 중 가장 잘 알려진 angry는 화의 강도가 생각보다 센 편입니다. mad가 오히려 무난하게 자주 쓰입니다. 심지어 삐쳤다는 느낌도 소화해내는 단어죠.

Related Words

#upset (기분 상한) #pissed off (열 받은) #furious (분노한)

Example Sentences

- Are you mad? = 너 화났어?
- I'm not mad. = 나 화 안 났어.
- My girlfriend is mad at me. = 내 여자친구 나한테 화났어.
- You're not mad, are you? = 너 화난 거 아니지?
- Don't be mad. = 화내지 마.

upset [ʌpsét] [엎쎗]

혱 기분 상한
– 품 upset: 동 기분 상하게 하다

Mayu Says
upset은 angry나 mad보다는 화난 강도가 좀 덜한 편입니다. 기분이 약간 틀어진 상태를 말하죠. with와 함께 쓰면 '~에 기분이 상한', about과 함께 쓰면 '~에 대해 기분이 상한'이라는 뜻으로 생각하면 됩니다.

Related Words
#angry (화난) #offended (불쾌한) #cool (기분 상하지 않은)

Example Sentences
- Are you upset? = 너 기분 상했어?
- You look upset. = 너 기분 상해 보여.
- Don't be upset. = 기분 상해하지 마.
- I'm upset with Steve. = 나 Steve한테 기분 상했어.
- We're not upset about it. = 저희 그것에 대해 기분 안 상했어요.

Week 8

doctor's office

[dá:ktə(r)'s ɔ́:fɪs] [닥털쓰 오어f] 쓰]

명 병원

Mayu Says

감기 등으로 찾는 동네 병원(비교적 적은 의사와 전문 분야)은 보통 doctor's office라고 부릅니다. hospital은 종합 병원의 개념으로 보통 많은 의사가 근무하며 다양한 의료 분야를 다루는 곳입니다.

Related Words

#clinic (진료소) #physician (내과의사) #surgeon (외과의사)

Example Sentences

- I went to the doctor's office yesterday. = 나 어제 병원 갔어.

- I called the doctor's office. = 나 병원에 전화했어.

- Why did you go to the doctor's office? = 너 병원 왜 갔어?

- My girlfriend works in a doctor's office. = 내 여자친구 병원에서 일해.

- The doctor's office was packed with patients. = 병원이 환자들 로 가득 찼었어.

surgeon [sɜ́ːrdʒən] [썰줜]

명 외과의사
- **품** surgical; **형** 수술의

Mayu Says
surgery(수술)라는 단어에서 알 수 있듯 surgeon은 surgery를 집도하는 의사입니다.
내과의사는 physician이라고 부릅니다.

Related Words
#operation (수술) #patient (환자) #operating room (수술실)

Example Sentences
- My son is a surgeon. = 내 아들은 외과의사야.
- I want to be a surgeon. = 난 외과의사가 되고 싶어.
- She is a skilled surgeon. = 그녀는 실력 있는 외과의사야.
- Min is the best surgeon in Korea. = Min은 한국 최고의 외과의사야.
- The surgeon removed his tumor. = 그 외과의사가 그의 종양을 제거했어.

dentist [déntɪst] [덴티스트]

명 치과의사
- **품** dental: **형** 치과의

Mayu Says
"덴티스트"라고 발음해도 되고 "데니스트"라고 부드럽게 발음해도 됩니다.

치과는 the dentist, dentist's office, dental clinic, dental hospital 등 다양하게 표현할 수 있습니다.

Related Words
#dental hygienist (치위생사) #dentistry (치과의학) #tooth/teeth (이)

Example Sentences
- My wife is a dentist. = 내 아내 치과의사야.
- I know a good dentist. = 나 좋은 치과의사 알아.
- The dentist was very kind. = 그 치과의사 엄청 친절했어.
- They have 10 dentists there. = 거기 치과의사가 10명이야.
- I went to the dentist yesterday. = 나 어제 치과 갔어.

breathe [bríːð] [브뤼th]

동 숨 쉬다
- **품** breath: **명** 호흡, 숨

Mayu Says
숨을 들이쉴 때는 breathe in, 내쉴 때는 breathe out이라고 표현합니다.
명사형은 스펠링도 다르지만 발음 자체도 달라 '브뤼th'가 아니라 '브뤠
th'라고 발음됩니다.

Related Words
#pant (헐떡이다) #inhale (들이쉬다) #exhale (내쉬다)

Example Sentences
- I can't breathe. = 숨을 못 쉬겠어.
- Breathe through your nose. = 코로 숨을 쉬어.
- Breathe in and breathe out. = 들이쉬시고 내쉬세요.
- Can you breathe? = 숨 쉴 수 있으세요?
- Please don't breathe through your mouth. = 입으로 숨 쉬지 말아
  줘요.

nostril [nάːstrəl] [나스트륄]

명 콧구멍

Mayu Says
설마 콧구멍을 nose hole이라고 생각했다면 이제부터는 nostril로 가는 겁니다. 일반적으로는 양쪽을 말하기 때문에 복수(nostrils)로 쓰면 됩니다.

Related Words
#nose (코) #nose bridge (콧등) #mustache (콧수염)

Example Sentences
- You have huge nostrils. = 너 콧구멍 크다.
- Please clean your nostrils. = 콧구멍 좀 청소해.
- My left nostril is bigger than the other one. = 내 왼쪽 콧구멍이 다른 쪽보다 더 커.
- She has such small nostrils. = 걔는 콧구멍이 엄청 작아.
- The horse's nostrils flared. = 그 말의 코가 벌름거렸어.

throat [θroʊt] [th로웃]

명 목구멍

Mayu Says
throat은 목의 안쪽을 말하기 때문에 neck과는 다릅니다.
소리를 내어 목을 가다듬는 것은 clear one's throat이라고 합니다.

Related Words
#neck (목) #Adam's apple (목젖) #voice (목소리)

Example Sentences
- My throat sores. = 목(구멍)이 쓰려.
- The singer cleared her throat. = 그 가수는 목을 가다듬었어.
- Do you have a sore throat? = 목이 쓰린가요?
- Something is stuck in my throat. = 목에 뭔가 걸렸어.
- It's good for your throat. = 그거 목에 좋아.

pill [pɪl] [필]

 알약

Mayu Says
한국어로는 약을 '먹는다(eat)'라고 표현하지만 영어에서는 take를 사용합니다. '복용하다'에 더 가깝겠네요.
넓적한 알약은 tablet이라고도 부릅니다.

Related Words
#sleeping pill (수면제) #pharmacy (약국) #pharmacist (약사)

Example Sentences
- I took a pill. = 나 알약 먹었어.
- Take these pills three times a day. = 이 알약을 하루에 세 번 복용하세요.
- These pills are quite strong. = 이 알약들은 좀 셉니다.
- The patient stopped taking the pills. = 그 환자는 그 알약을 복용하는 걸 멈췄어.
- Where are my pills? = 내 알약 어디 있지?

Week 9

gorgeous [gɔ́ːrdʒəs] [골져스]

형 아름다운

Mayu Says
gorgeous는 beautiful보다 더욱 아름답고 멋짐을 표현하는 형용사입니다. 사람 외에 물건이나 아이디어 등에도 활용할 수 있지요.

Related Words
#pretty (예쁜) #glamorous (화려한) #lovely (사랑스러운)

Example Sentences
- You are so gorgeous. = 당신은 정말 아름다워.
- What a gorgeous day! = 엄청 아름다운 날이다!
- That's a gorgeous dress. = 아름다운 드레스네요.
- That's a gorgeous idea! = 멋진 아이디어네!
- That gorgeous lady is my wife. = 저 아름다운 여자분이 바로 내 아내야.

good-looking

[gʊd lúkiŋ] [굳 루킹]

형 잘생긴
- **품** good looks: **명** 잘생긴 외모

Mayu Says
handsome 하면 보통 남자가 잘생겼음을 떠올리게 되죠. good-looking 의 장점은 어떤 성별에나 사용할 수 있다는 겁니다. 심지어 물건에도요.

Related Words
#ugly (못생긴) #pretty (예쁜) #average-looking (평범하게 생긴)

Example Sentences
- Is your brother good-looking? = 너희 오빠 잘생겼어?
- Chloe has a good-looking sister. = Chloe는 예쁜 언니가 있어.
- There are good-looking guys in our class. = 우리 수업 듣는 사람 중에 잘생긴 남자들이 있어.
- Am I good-looking? = 나 잘생겼어?
- That's a good-looking car! = 멋지게 생긴 자동차군요!

tease [tíːz] [티-즈]

동 놀리다
- **품** teaser: **명** 예고 영상

Mayu Says
보통은 큰 악의 없는, 별로 기분 나쁘지 않을 정도의 놀림을 말합니다. 기분 나쁠 정도의 놀림은 make fun of라고 하면 됩니다.

Related Words
#bully (이유 없이 괴롭히다) #bother (신경 쓰이게 하다) #annoy (짜증 나게 하다)

Example Sentences
- Stop teasing me. = 나 그만 놀려.
- You're teasing me, right? = 너 나 놀리는 거지, 응?
- I was just teasing you. = 그냥 널 놀린 거야. → 장난한 거야.
- He always teases his sister. = 걔는 항상 자기 여동생을 놀려.
- She loves teasing her husband. = 걔는 자기 남편 놀리는 걸 좋아해.

depressed

[dɪprést] [디프뤠쓰트]

형 우울해하는
- **품** depression: **명** 우울함

Mayu Says
우울함을 겪는 사람은 depressed된 것이고, 남을 우울하게 하는 주체는 depressing한 것입니다.
조금 더 캐주얼한 단어로는 blue와 down이 있습니다.

Related Words
#excited (신이 난) #frustrated (낙심한) #pleasant (기분 좋게 하는)

Example Sentences
- You look depressed. = 너 우울해 보여.
- Why are you so depressed? = 너 왜 그렇게 우울해?
- I'm not depressed. = 나 안 우울해.
- I've been depressed all week. = 나 한 주 내내 우울했어.
- Are you depressed? = 너 우울해?

full [fʊl] [풀]

웹 배부른
– 룸 fullness: 뗑 충만함

Mayu Says
'가득 찬'이라는 의미가 응용되어 '배부른'이 된 것입니다. 배가 심하게 부를 때는 stuffed라는 형용사를 써도 괜찮습니다.

Related Words
#hungry (배고픈) #thirsty (목마른) #crave (먹을 게 당기다)

Example Sentences
- I'm so full. = 나 엄청 배불러.
- Are you already full? = 너 벌써 배불러?
- I'm full but I still want some dessert. = 나 배부른데 여전히 디저트는 원해.
- I'm not full yet. = 나 아직 배 안 불러.
- I am stuffed! = 나 완전 배불러!

starving [stɑ́ːrvɪŋ] [스탈빙]

형 엄청 배고픈
– 품 starvation: 명 굶주림

Mayu Says

starve 자체는 '굶주리다'라는 뜻의 동사입니다. 여기에 ing를 붙여 '배고 픈'이라는 형용사로 만든 것이죠. '엄청 배부르다'라는 뜻의 stuffed의 반대말이라고 보면 되겠습니다.

Related Words

#thirsty (목마른) #hungry (배고픈) #dizzy (현기증 나는)

Example Sentences

- I'm starving. = 나 엄청 배고파.
- You must be starving. = 너 엄청 배고프겠네.
- Are you guys starving? = 너희 엄청 배고파?
- I'm not starving. I just want some cookies. = 나 엄청 배고프진 않아. 그냥 쿠키 좀 먹고 싶어.
- Who's starving? = 엄청 배고픈 사람?

blow [bloʊ] [블로우]

동 불다
- **불규칙** blow-blew-blown

Mayu Says

blow는 바람이 분다는 뜻도 되지만 숨을 내쉬어 촛불 등을 끈다는 의미도 됩니다. 또한 뭔가가 폭발한다는 의미로도 쓰며, 기회 등을 날려버린다는 의미(슬랭)도 있습니다.

Related Words

#breathe (숨 쉬다) #wind (바람) #breeze (산들바람)

Example Sentences

- The wind is blowing. = 바람이 불고 있어.
- She blew out the candle. = 그녀는 그 촛불을 불어서 껐어.
- Please blow harder. = 더 세게 부세요.
- The gas tank blew. = 그 가스탱크가 폭발했어.
- You blew it! = 넌 그 기회를 놓쳤어!

Week 10

chilly [tʃíli] [췰리]

형 쌀쌀한
- **품** chill: **명** 오한

Mayu Says
chilly는 cool보다는 춥고 cold보다는 덜 추운 상태를 말합니다.
chill(오한)이라는 단어가 들어간 유용한 표현으로는 "I just got chills(나
방금 소름 돋았어)"가 있습니다.

Related Words
#warm (따뜻한) #chill (오한, 냉기) #fall (가을)

Example Sentences
- It's quite chilly in here. = 이 안이 꽤 쌀쌀하네.
- Is it chilly outside? = 밖에 쌀쌀해?
- It's usually chilly in fall. = 보통 가을엔 쌀쌀해.
- I hate chilly weather. = 난 쌀쌀한 날씨가 싫어.
- Is it chilly in Seoul? = 서울은 쌀쌀하니?

freezing [fríːzɪŋ] [프뤼-낑]

형 엄청 추운
- **품** freeze **동** 얼다

Mayu Says
cold(추운)보다 더 추운 날씨를 표현합니다. freeze는 '얼다', '얼리다'
라는 의미입니다. '엄청 추운'이라는 표현을 freezing과 cold를 섞어서
freezing cold라고 쓰는 경우도 종종 있어요.

Related Words
#scorching hot (엄청 더운) #freezer (냉동실) #frostbite (동상)

Example Sentences
- It's freezing out there! = 밖에 엄청 추워!
- It's still freezing in New York. = 뉴욕은 아직 엄청 추워.
- It's freezing. Wear a thick jacket. = 엄청 추워. 두꺼운 재킷 입어.
- My wife hates freezing weather. = 내 아내는 엄청 추운 날을 싫
  어해.
- It's freezing cold! = 엄청 추워!.

chubby [tʃʌbi] [춰비]

형 통통한

Mayu Says
chubby는 fat(뚱뚱한)보다는 살이 덜 찐 상태입니다. 문맥에 따라 기분 나쁘게 쓸 수도 있고 귀엽다는 의미로 쓸 수도 있습니다.

Related Words
#overweight (과체중인) #plump (포동포동한) #skinny (마른)

Example Sentences
- The baby was cute and chubby. = 그 아기는 귀엽고 통통했어.
- My boyfriend is quite chubby. = 내 남자친구는 꽤 통통해.
- Do I look chubby? = 나 통통해 보여?
- I like chubby guys. = 난 통통한 남자가 좋아.
- You are not chubby at all. = 너 조금도 안 통통해.

skinny [skíni] [스키니]

형 마른

Mayu Says
skinny는 말 그대로 skin(피부)만 남았다는 느낌으로, 가치관이나 상황에 따라 다를 순 있겠지만 대개 긍정적인 의미로 쓰이는 단어는 아닙니다. bony(뼈만 남을 정도로 앙상한)보다는 나아요.

Related Words
#slim (날씬한) #chubby (통통한) #fit (몸매가 탄탄한)

Example Sentences
- My daughter is too skinny. = 우리 딸은 너무 말랐어.
- Mary has skinny legs. = Mary는 다리가 말랐어.
- Why does he like skinny girls? = 걔는 왜 마른 여자들을 좋아하지?
- I don't like guys who are too skinny. = 난 너무 마른 남자들을 안 좋아해.
- You're not skinny. You're slim. = 넌 마른 게 아니라 날씬한 거야.

swollen [swə́υlən] [스워울른]

형 부은
- **품** swelling: **명** 부기

Mayu Says

swollen은 swell(붓다)의 p.p. 형태입니다. 그러므로 형용사로 씁니다.
자다 깨거나 해서 얼굴이 부은 것을 말할 때는 보통 puffy를 씁니다.

Related Words

#subside (가라앉다) #go down (가라앉다) #injured (상처 입은)

Example Sentences

- My wrist is swollen. = 팔목이 부어 있어.
- My thumb is swollen. = 엄지손가락이 부어 있어.
- She has a swollen ankle. = 그녀는 발목이 부어 있어.
- Is my nose swollen? = 제 코가 부어 있나요?
- Look at his puffy face. = 쟤 얼굴 부은 것 좀 봐.

curious [kjúriəs] [큐뤼어쓰]

휑 궁금해하는
- 품 curiosity: 명 호기심

Mayu Says
뭔가 궁금할 때 wonder란 단어만 떠오른다면 앞으로는 curious를 써보세요. '~에 대해' 궁금하다면 뒤에 about을 추가하면 됩니다.

Related Words
#interested (관심 있는) #wonder (궁금하다) #concerned (염려하는)

Example Sentences
- I'm just curious. = 그냥 궁금해서요.
- We're not that curious. = 우린 그렇게 궁금하진 않아.
- I'm curious about your plan. = 나 네 계획이 궁금해.
- Are you curious about it? = 그게 궁금하신가요?
- If you're curious, call me. = 궁금하면 전화해.

pass away

[pæs əweɪ] [패쓰 어웨이]

동 세상을 떠나다
- **품** passing: **명** 임종

Mayu Says

pass away는 die(죽다)보다 존중의 뜻이 담긴 단어이며 동물에게 쓰기
도 합니다. pass out(기절하다)과 헷갈리는 치명적인 실수에 주의하세요.

Related Words

#dead (죽은) #death (죽음) #My condolences (애도를 표합니다)

Example Sentences

- My grandfather passed away last year. = 우리 할아버지 작년에
  돌아가셨어.
- Unfortunately, he passed away. = 유감스럽게도 그는 세상을 떠났
  습니다.
- Someone in the family passed away. = 가족 중에 어떤 분이 돌아
  가셨어.
- Her husband passed away recently. = 그분 남편이 최근에 세상을
  떠나셨어.
- Jake passed out. = Jake는 기절했어.

Week 11

hurt [hɜ́ːrt] [헐트]

통 아프다
- 불 hurt-hurt-hurt

Mayu Says
hurt는 sick과는 달리 물리적인 '통증'을 말합니다. 엄밀히 따지면 '통증이 있다'가 맞아요.
sick은 전체적으로 아픈 몸의 '상태'를 표현합니다. 예) 잇몸이 hurt한 게 심해져서 몸이 sick해짐.

Related Words
#sting (따끔거리다) #itch (간지럽다) #ache (쑤시다)

Example Sentences
- My whole body hurts. = 몸 전체가 아파요.
- My back hurts. = 허리가 아파.
- It hurt so much. = 그거 엄청 아팠어.
- Did it hurt? = 그거 아팠어?
- It didn't hurt. = 그거 안 아팠어.

bleed [blíːd] [블리드]

图 피 흘리다
– 图 bleed-bled-bled

Mayu Says
사람을 주어로 쓰기도 하고, 신체 부위를 주어로 쓰기도 합니다. 예를 들어 "I'm bleeding"이 될 수도 있고 "My hand is bleeding"이 될 수도 있는 거예요.

Related Words
#blood (피) #bleeding (출혈) #blood donation (헌혈)

Example Sentences
- You're bleeding! = 너 피 나!
- I bled a little bit. = 나 약간 피 났어.
- My nose is bleeding. = 나 코피 나.
- The patient kept bleeding. = 그 환자는 계속 피가 났어.
- Why are you bleeding? = 너 왜 피 나는 거야?

feed [fíːd] [f]이드]

동 먹이다
- 불 feed-fed-fed

Mayu Says
feed는 사람을 먹인다는 의미도 있지만 동물에게 먹이를 준다는 뜻도 됩니다. 누구를 먹이는지 표현할 때 to, for 등의 전치사를 붙일 필요가 없습니다. 예) feed to me (X)

Related Words
#support (부양하다) #take care of (돌보다) #calm (달래다)

Example Sentences
- Miranda is feeding her baby. = Miranda는 자기 아기한테 밥 주고 있어.
- I have to feed my dog. = 나 우리 개한테 먹이 줘야 해.
- Did you feed your cat? = 너 고양이한테 먹이 줬어?
- Don't forget to feed him. = 애한테 밥 주는 거 잊지 마.
- I have a family to feed. = 전 먹여 살려야 하는 가족이 있어요.

thaw [θɔ́ː] [th어]

동 해동시키다, 해동되다

Mayu Says

고체가 녹아 액체가 되는 것을 말할 땐 보통 melt를 쓰지만, 냉동식품 등을 해동시킨다고 할 때는 thaw를 씁니다. 날씨가 풀린다고 할 때 써도 좋습니다.

Related Words

#melt (녹다) #freeze (얼리다) #boil (끓이다)

Example Sentences

- Thaw the salmon first. = 그 연어부터 해동시켜.
- Thaw the meat before cooking it. = 그 고기 요리하기 전에 해동시켜.
- I never thaw frozen food. = 난 절대 냉동식품을 해동시키지 않아.
- It's starting to thaw. = 날씨가 풀리기 시작하네.
- The food thawed quickly. = 그 음식은 빠르게 해동됐어.

beat [bíːt] [비잇]

홍 이기다
– 불 beat-beat-beaten

Mayu Says
게임 등에서 이긴다고 할 때는 win을 쓰지만(I won the game), 상대방
을 이기거나 상대방의 기록을 깰 때는 beat을 씁니다(I beat you).

Related Words
#top (능가하다) #defeat (이기다) # defend (방어하다)

Example Sentences
- You can't beat me. = 넌 날 못 이겨.
- She beat my record. = 걔가 내 기록을 깼어.
- No one can beat us. = 아무도 우릴 못 이겨.
- We beat them in the game. = 우리가 그 게임에서 그들을 이겼어.
- He beat his own record. = 그는 자기 기록을 깼어.

rub [rʌb] [뤕]

동 문지르다
– **품** rubber: **명** 고무

Mayu Says

원어민들은 rub과 love의 발음을 전혀 다르게 인식합니다. 주의하세요.
rub에서 파생된 rubber라는 단어는 '고무'라는 뜻도 되지만 '지우개'라는
뜻으로도 쓰이는데, 그 이유는 느낌 오시죠? (힌트: 문지름)

Related Words

#scratch (긁다) #pat (쓰다듬다) #touch (만지다)

Example Sentences

- Please rub the surface. = 표면을 문질러주세요.
- He rubbed his hands. = 그는 두 손을 비볐어.
- My wife rubbed my back. = 아내가 내 등을 문질러줬어.
- Don't rub your face too hard. = 얼굴을 너무 세게 문지르지는 마.
- He smiled rubbing his chin. = 그는 턱을 문지르며 미소 지었어.

spicy [spáɪsi] [스파이씨]

형 매운
- **품** spice: **명** 양념

Mayu Says
정확히 하자면 spicy는 '양념 맛이 강한'으로 해석하는 게 맞습니다. 자극적인 양념의 맛이 강하다는 것이 변형되어 결국 맵다는 의미가 된 것이죠.
hot과는 달리 뜨겁다는 뜻은 될 수 없습니다.

Related Words
#bland (싱거운) #hot (매운) #mild (순한)

Example Sentences
- I can't eat spicy food. = 나 매운 음식 못 먹어.
- Do you like spicy food? = 너 매운 음식 좋아해?
- This is too spicy. = 이거 너무 매워.
- It's not that spicy. = 그거 그렇게 안 매워요.
- Spicy food makes me sick. = 난 매운 음식 먹으면 탈 나.

Week 12

nauseous

[nɔ́ːʃəs] [노어셔쓰]

❸ 메스꺼운
- **㊦ nausea: ❹ 메스꺼움**

Mayu Says
구토할 것 같은 기분을 표현하는 말로, 보통 feel과 함께 사용합니다.
sick도 feel과 함께 feel sick이라고 쓰면 아프다는 의미보다는 메스껍다
는 의미가 됩니다.

Related Words
#throw up (토하다) #vomit (구토하다) #disgusting (역겨운)

Example Sentences
- I feel nauseous. = 나 메스꺼워.
- I felt nauseous when I smelled it. = 난 그 냄새를 맡았을 때 토할
  것 같았어.
- I don't feel nauseous. = 메스껍지는 않아요.
- If you feel nauseous, please let me know. = 메스꺼우시면 저에게
  알려주세요.
- Do you feel sick? = 너 토할 것 같니?

dizzy [dízi] [디z]]

형 어지러운
- **품** dizziness : **명** 어지러움

Mayu Says
dizzy도 보통 feel과 함께 사용합니다. 예) I feel dizzy. = 나 어지러워.
light-headed란 단어도 있는데 저혈압 등으로 약간의 어지럼증을 느낄 때 사용하면 됩니다.

Related Words
#giddy (어지러운) #faint (실신하다) #pass out (기절하다)

Example Sentences
- I felt dizzy. = 나 어지러웠어.
- Do you feel dizzy? = 너 어지러워?
- If you feel dizzy, go and see your doctor. = 어지러우면 가서 의사를 만나봐.
- The song made me dizzy. = 그 노래가 날 어지럽게 만들었어.
- I feel light-headed. = 나 좀 어지러워.

loose [lú:s] [루쓰]

혱 느슨한
– **품** looseness: **명** 느슨함

Mayu Says

loose와 lose를 헷갈리는 경우가 많은데, 원어민도 하는 실수입니다. 더 큰 참사는 loose를 "루즈"라고 발음하는 것이에요. loose의 정확한 발음은 위의 기호를 참조하세요.

Related Words

#lose (잃어버리다) #tight (꽉 끼는) #baggy (헐렁한)

Example Sentences

• I love loose shirts. = 나 느슨한 셔츠 엄청 좋아해.

• My belt is too loose. = 내 허리띠 너무 느슨해.

• This jacket feels slightly loose. = 이 재킷 약간 느슨한 느낌이에요.

• The wire was a bit loose. = 그 전선이 좀 느슨했어.

• Finally! My pants are loose! = 마침내! 내 바지가 느슨해!

tiny [táɪni] [타이니]

형 엄청 작은
- **품** tininess : **명** 자그마함

Mayu Says
tiny는 small보다도 더 작은 상태를 표현합니다.
비슷한 뜻의 단어로 teensy 혹은 itty-bitty 등이 있는데, tiny보다 좀 더 격식 없이 쓰는 말입니다.

Related Words
#small (작은) #huge (엄청 큰) #teensy-weensy (아주 작은)

Example Sentences
• My friend has a tiny nose. = 내 친구는 코가 엄청 작아.

• I wish my nose were tiny. = 내 코가 아주 작으면 좋을 텐데.

• Look at this tiny baby. = 이 엄청 작은 아기 좀 봐.

• Edward made a tiny mistake. = Edward가 아주 작은 실수를 했어.

• The dog is too tiny. = 그 개 너무 작다.

wrist [ríst] [뤼스트]

명 손목

Mayu Says
스펠링에서 w를 빼고 적는 실수를 하면 안 됩니다.
sprain이라는 동사도 알아두면 팔목을 삐었다고 표현할 수 있습니다. 예)
I sprained my wrist.

Related Words
#ankle (발목) #elbow (팔꿈치) #bracelet (팔찌)

Example Sentences
- She accidentally sprained her wrist. = 그녀는 실수로 손목을 삐었어.
- My wrist hurts. = 손목이 아파요.
- He grabbed my wrist. = 그가 내 손목을 잡았어.
- What's that on your wrist? = 손목에 그거 뭐야?
- I showed the doctor my wrist. = 난 그 의사에게 내 손목을 보여줬어.

bracelet [bréɪslət] [브뤠이슬릿]

명 팔찌

Mayu Says
necklace는 잘 떠오르지만 bracelet은 잘 생각나지 않는 희한한 현상.
발에 차는 흔히 '발찌'라고 하는 건 ankle bracelet 혹은 줄여서 anklelet
이라고 합니다.

Related Words
#earring (귀걸이) #ring (반지) #rhinestone (모조 다이아몬드)

Example Sentences
- Your bracelet is so cute. = 팔찌 엄청 귀엽다.
- Check out my new bracelet. = 내 새 팔찌 좀 봐.
- I've lost my bracelet. = 나 팔찌 잃어버렸어.
- My husband got me a bracelet. = 남편이 팔찌 사줬어.
- Is that a diamond bracelet? = 그거 다이아몬드 팔찌야?

swear [swer] [스웨얼]

동 맹세하다
- 불 swear-swore-sworn

Mayu Says
swear은 정말 주의해서 써야 하는 동사입니다. to와 함께 쓰면 '~에게 맹세하다'가 되지만, 헷갈려서 at과 함께 쓰면 '~에게 욕하다'가 되는 참사가 벌어지죠.

Related Words
#vow (맹세하다) #pledge (서약) #swearing (욕)

Example Sentences
- I swear! = 맹세해요!
- I swear to God! = 신께 맹세해요!
- Do you swear? = 너 맹세해?
- He swore at me. = 걔가 나한테 욕을 했어.
- Stop swearing! = 욕 좀 그만해!

Week 13

cologne [kəlóʊn] [컬로운]

명 향수

Mayu Says

cologne과 perfume은 오일 등의 성분 함유량으로 구분한다고 알려져 있습니다. 하지만 일반적으로 cologne은 남성용, perfume은 여성용으로 인식됩니다.

Related Words

#scent (향) #odor (악취) #smell (냄새)

Example Sentences

- Do you have cologne for men? = 남성용 향수 있나요?
- I don't wear cologne. = 나 향수 안 뿌려.
- My boyfriend wears cologne every day. = 내 남자친구는 매일 향수 뿌리고 다녀.
- I love the smell of his cologne. = 그 남자 향수 냄새 엄청 좋아.
- Your cologne smells too strong. = 네 향수 냄새 너무 강해.

flight attendant

[flaɪt əténdənt] [플라잇 어텐던트]

명 승무원

Mayu Says
여자 승무원을 stewardess, 남자 승무원을 steward라고 할 수도 있지만, 이제는 굳이 성별을 나타내지 않는 flight attendant를 선호합니다.

Related Words
#cabin crew (객실 승무원들) #pilot (비행사) #co-pilot (부조종사)

Example Sentences
- My wife is a flight attendant. = 내 아내는 승무원이야.
- Wendy married a flight attendant. = Wendy는 승무원이랑 결혼했어.
- I want to be a flight attendant. = 나 승무원이 되고 싶어.
- The flight attendants rescued the man. = 그 승무원들이 그 남자를 구출했어.
- The flight attendant was so kind. = 그 승무원은 엄청 친절했어.

boarding pass

[bɔ́:rdɪŋ pǽs] [볼딩 패쓰]

명 탑승권

Mayu Says
board는 '탑승하다'라는 뜻의 동사입니다. 여기에 pass를 붙이고 직역하면 '탑승하는 패스'이니 외우기 쉽죠. boarding ticket 혹은 plane ticket 이라고 해도 괜찮습니다.

Related Words
#passport (여권) #baggage (짐) #boarding gate (탑승 게이트)

Example Sentences
- Where's your boarding pass? = 네 탑승권 어디 갔어?
- Here's your boarding pass. = 여기 손님 탑승권입니다.
- I've lost my boarding pass. = 저 탑승권 잃어버렸는데요.
- Please have your boarding pass ready. = 탑승권을 준비해주세요.
- Hold on to your boarding pass. = 손님의 탑승권을 가지고 계세요.

take off [teɪk ɔ́ːf] [테익 어f]

동 이륙하다
- **불** take-took-taken

Mayu Says

take off는 사실 장소를 급하게 뜨는 것을 말합니다. 예) I have to take off. = 나 급히 가봐야 해.

비행기도 활주로에서 급하게 뜨기 때문에 take off를 쓰는 것입니다.

DAY 21과 스펠링은 같지만 전혀 다른 의미입니다. 둘 다 중요하니 꼭 외워주세요.

Related Words

#land (착륙하다) #delay (지연) #taxi (활주로에서 천천히 이동하다)

Example Sentences

- The plane just took off. = 그 비행기 방금 이륙했어.
- We are taking off soon. = 우리는 곧 이륙합니다.
- When are we taking off? = 우리 언제 이륙해요?
- The plane couldn't take off. = 그 비행기는 이륙하지 못했어.
- Did it take off? = 그거 이륙했니?

land [lǽnd] [랜드]

동 착륙하다
– **품** landing: **명** 착륙

Mayu Says
비행기가 땅(land)에 닿는다고 생각하면 편합니다.
일거리, 계약, 역할 등을 따낸다고 할 때도 land를 씁니다. 예) I landed the role!

Related Words
#take off (이륙하다) #taxi (활주로에서 천천히 이동하다) #fly (비행하다)

Example Sentences
- The plane landed safely. = 그 비행기는 무사히 착륙했어.
- The fighter jet landed smoothly. = 그 전투기는 매끄럽게 착륙했어.
- It landed 30 minutes ago. = 그거 30분 전에 착륙했어.
- Has it landed yet? = 그거 아직 착륙 안 했니?
- The actress finally landed the part. = 그 배우는 마침내 그 역할을 따냈어.

baggage [bǽgɪdʒ] [배기쥐]

명 짐, 수하물

Mayu Says

baggage는 셀 수 있는 단어가 아닙니다. 많은 짐(a lot of baggage)이라고는 말하지만, 3개의 짐(3 baggages)이라고는 할 수 없습니다. 짐을 세고 싶을 땐 bag(가방)을 쓰세요.

Related Words

#baggage claim (수하물 찾는 곳) #luggage (짐, 수하물) #suitcase (여행 가방)

Example Sentences

- Do you have a lot of baggage? = 짐이 많아?
- I can't find my baggage. = 제 짐을 못 찾겠어요.
- They sent my baggage to the hotel. = 그들이 내 짐을 호텔로 보냈어.
- Where's my baggage? = 제 짐은 어디 있죠?
- I have a lot of luggage. = 저는 짐이 많아요.

carry-on [kǽri ɔːn] [캐뤼 언]

몡 기내용 가방

Mayu Says
기내용 가방을 carrier라고 하는 건 틀린 표현입니다. carrier(항공사)를 가지고 다닐 순 없죠. carry-on의 발음이 어디선가 잘못 전해지며 carrier가 되었다는 게 마유 탐정의 추측입니다.

Related Words
#carry-on bag (휴대용 가방) #suitcase (여행 가방) #luggage (짐, 수하물)

Example Sentences
- I have two carry-ons. = 저 기내용 가방 두 개 있어요.
- How many carry-ons do you have? = 기내용 가방 몇 개 가지고 계시죠?
- I need a lighter carry-on. = 나는 더 가벼운 기내용 가방이 필요해.
- What a fancy carry-on! = 엄청 화려한 기내용 가방이네!
- That's not my carry-on. = 그거 제 기내용 가방 아닌데요.

Week14

driver's license

[dráɪvə(r)'s láɪsns] [드롸이벌쓰 라이쓴쓰]

명 운전면허증

Mayu Says

license라고만 쓰면 그 어떤 면허증도 될 수 있습니다. 예) doctor's license

하지만 회화에서는 license라고만 해도 대부분 운전면허증으로 알아듣습니다. 스펠링을 lisense로 잘못 쓰지 않게 주의하세요.

Related Words

#insurance card (보험증) #vehicle (차량) #passenger (탑승자)

Example Sentences

- Let me see your driver's license. = 운전면허증 좀 보여주십시오.
- I got my driver's license! = 나 운전면허증 땄어!
- Here's my driver's license. = 여기 제 운전면허증이요.
- I have to renew my driver's license. = 나 운전면허증 갱신해야 해.
- I don't have my driver's license with me. = 저 지금 운전면허증 안 가지고 있는데요.

vehicle [víːhɪkl] [v́]히클]

명 차량

Mayu Says

vehicle은 우리가 보통 생각하는 자가용 승용차만을 나타내는 게 아니라 모터의 힘을 받는 운송 수단을 나타내므로 버스, 트럭, 오토바이 등을 포함합니다.

Related Words

#motorcycle (오토바이) #ride (탈것) #driver (운전자)

Example Sentences

- Pull over your vehicle! = 차를 세우세요!
- Is this vehicle insured? = 이 차는 보험에 가입되어 있나요?
- They towed the vehicle. = 그들이 그 차량을 견인해갔어.
- Who owns this vehicle? = 이 차량 소유자가 누구죠?
- The vehicle hit a pole. = 그 차량은 기둥을 쳤습니다.

ride [ráɪd] [롸이드]

동 타다
– 불 ride-rode-ridden

Mayu Says
자전거, 오토바이, 말 등을 탄다는 뜻인데, 자동차의 경우에는 대개 승객으로 탄다는 의미이며 in the car와 같이 in을 추가합니다.

Related Words
#drive (운전하다) #bicycle (자전거) #horse (말)

Example Sentences
- She is riding a horse. = 그녀는 말을 타고 있어.
- I'm going to ride a motorcycle. = 나 오토바이 탈 거야.
- My mom rode in the car. = 우리 엄마는 그 차를 타고 갔어.
- Teach me how to ride a horse. = 말 타는 법 좀 가르쳐줘.
- I can teach you how to ride a bicycle. = 내가 자전거 타는 법 가르쳐줄 수 있어.

gas [gǽs] [개쓰]

몡 휘발유

Mayu Says

gas는 gasoline을 줄인 말입니다. 휘발유를 oil이라고 하는 분들이 많은데, oil은 윤활유를 뜻하는 말입니다. 예) 엔진 윤활유 = engine oil

Related Words

#diesel (경유) #gas station (주유소) #brake oil (브레이크 윤활유)

Example Sentences

- I need some gas. = 나 기름 좀 넣어야 해.
- I'm running out of gas. = 휘발유가 바닥나고 있어.
- Gas prices are dropping. = 유가가 떨어지고 있어.
- Gas prices are going up fast. = 유가가 빠르게 오르고 있어.
- Do not put gasoline in a diesel car. = 경유 차에 휘발유를 넣지 마세요.

steering wheel

[stírɪŋ wíːl] [스티어링 위일]

명 운전대

Mayu Says
운전대는 handle이 아닙니다. 그건 손잡이라는 뜻이에요. 손잡이 잡고 운전할 수는 없는 겁니다. steering(조종하는)과 wheel(휠)이 합쳐져서 운전대를 뜻하는 올바른 단어가 됩니다.

Related Words
#emergency brake (사이드 브레이크) #rear-view mirror (차내의 백미러) #windshield (바람막이 창)

Example Sentences
- Hold the steering wheel. = 운전대를 잡아.
- Turn the steering wheel. = 운전대를 꺾어.
- He punched the steering wheel. = 그는 운전대를 쳤어.
- They replaced the steering wheel. = 그들이 운전대를 교체했어.
- Put your hands on the steering wheel. = 운전대에 손을 올려놓으세요.

receipt [rɪsíːt] [뤼씻]

명 영수증

Mayu Says

receipt의 p는 묵음입니다. 앞으로는 "뤼씹트"라고 발음하는 일은 없도록 하죠.

조금 어려운 표현이지만 '구매 증명서 = proof of purchase'란 단어도 알아두면 아름답습니다.

Related Words

#refund (환불) #exchange (교환) #purchase (구매)

Example Sentences

- Can I see your receipt? = 손님 영수증 좀 볼 수 있을까요?
- I didn't bring my receipt. = 저 영수증 안 가져왔는데요.
- Do you need a receipt? = 영수증 필요하세요?
- The WIFI password is on the receipt. = 와이파이 패스워드는 영수증에 쓰여 있어요.
- Please don't lose your receipt. = 영수증을 잃어버리지 말아 주세요.

afford [əfɔ́ːrd] [어f̣오르드]

등 여유가 되다
– 품 affordability: 명 살 만한 가격

Mayu Says

afford 뒤에 바로 명사를 쓰면 그것을 받거나 누릴 여유가 된다는 뜻입니다. afford 뒤에는 'to 동사원형'도 쓸 수 있는데, 그럴 땐 '~할 여유가 된다'라고 해석합니다.

Related Words

#affordable (살 만한 가격인) #pricey (비싼) #cheap (싼)

Example Sentences

- I can't afford a car. = 난 차를 살 여유가 안 돼.
- We can afford a house. = 우린 집을 살 여유가 돼.
- Can you afford this? = 너 이거 살 여유가 되니?
- I wish I could afford it. = 내가 그걸 살 여유가 되면 좋을 텐데 말이야.
- I can't afford to miss it. = 난 그걸 놓칠 여유가 안 돼.

Week 15

prefer [prɪfɜ́ː(r)] [프뤼뻘]

동 선호하다
- **품** preference: **명** 선호

Mayu Says
비교의 대상을 추가하고 싶다면 to와 함께 쓰세요. 예) I prefer yellow to blue. = 난 파랑보다 노랑을 선호해.

prefer to something이라고 외워서 쓰시는 분들이 간혹 있는데, 비교 대상이 없다면 그렇게 쓰면 안 됩니다. 예) I prefer to yellow. (X)

Related Words
#like better (더 좋아하다) #dislike (안 좋아하다) #favorite (가장 좋아하는 것)

Example Sentences
- I prefer pink to black. = 나는 검정보다 핑크를 선호해.
- I prefer small cars. = 저는 작은 차를 선호해요.
- We prefer a suite. = 저희는 스위트룸을 선호해요.
- They prefer a non-smoking room. = 그들은 비흡연실을 선호합니다.
- I prefer working in Seoul. = 저는 서울에서 일하는 걸 선호합니다.

memorize

[mémərɑɪz] [메모롸이ㅈ]

통 외우다
- **품** memory : **명** 기억력

Mayu Says
memorize와 remember를 헷갈리면 안 됩니다. memorize는 memory에 입력하는 암기 단계이고, remember는 기억에서 불러오는 단계입니다.

Related Words
#memories (추억) #memoir (회고록) #remind (상기시키다)

Example Sentences
- I just memorized everything. = 나 그냥 다 외워버렸어.
- It's too long to memorize! = 그거 외우기엔 너무 길어!
- You don't have to memorize everything. = 다 외울 필요는 없어.
- Memorize these expressions. = 이 표현들을 외워.
- I'm trying to memorize the password. = 나 그 패스워드 외우려 하고 있어.

submit [səbmít] [썹밋]

통 제출하다
– 품 submission: 명 제출

Mayu Says
발음 때문에 submit을 summit과 헷갈리시는 분들이 있습니다. summit 은 '정상'이란 뜻이에요.

submit보다 조금 더 캐주얼한 단어로는 hand in과 turn in이 있습니다.
예) I handed in my homework.

Related Words
#return (반납하다) #hand out (나눠주다) #due date (제출 만기일)

Example Sentences
- Please submit your application. = 신청서를 제출해주세요.
- You must submit it by tomorrow. = 그거 내일까지 제출하셔야
  해요.
- I already submitted it. = 저 그거 벌써 제출했어요.
- Did you submit your essay? = 너 에세이 제출했어?
- I forgot to submit the form. = 그 양식 제출하는 걸 잊었어요.

hang out [hæŋ aʊt] [행 아웃]

(동) 놀다
- **(발)** hang-hung-hung

Mayu Says
성인들끼리 나가서 노는 것을 말합니다. out은 생략하기도 합니다.
아이들끼리 놀거나 아이들과 놀아준다고 할 때는 play를 쓰세요.

Related Words
#chill (아무것도 안 하고 쉬다) #party (파티를 하다) #have fun (즐거운 시간을 보내다)

Example Sentences
- Let's hang out. = 놀자.
- I want to hang out with you guys. = 나 너희들이랑 놀고 싶어.
- I hung out with Jane. = 나 Jane이랑 놀았어.
- I was hanging out in Gangnam. = 나 강남에서 놀고 있었어.
- Do you want to hang out tonight? = 오늘 밤에 놀래?

plans [plænz] [플랜ㅈ]

명 약속

Mayu Says
'자기가 한 말을 지키는 약속(promise)'이 아니라 '만남의 약속'입니다.
plan을 단수로 쓰면 뭔가를 이루려는 '계획'이란 뜻이 될 수 있으므로 보통 복수로 씁니다.

Related Words
#planning (계획을 세움) #appointment (공적인 만남의 예약)
#schedule (스케줄)

Example Sentences
- Do you have any plans for tonight? = 너 오늘 밤에 약속 있어?
- I already have plans. = 나 벌써 약속 있어.
- I don't have any plans. = 나 약속 없는데.
- I have plans for the weekend. = 나 주말에 약속 있어.
- She always has plans. = 걔는 항상 약속이 있어.

appointment

[əpɔ́ɪntmənt] [어포인먼트]

명 예약

Mayu Says

appointment는 공적인 만남에 대한 예약입니다. 예) 컨설팅, 진료 등
reservation은 물건이나 장소에 대한 예약입니다. 예) 회의실, 식당 등

Related Words

#book (예약하다) #reserve (예약하다) #cancellation (취소)

Example Sentences

- Do you have an appointment? = 예약하셨나요?
- I already made an appointment. = 이미 예약 잡았어요.
- I have an appointment with Dr. Baek. = Baek (의사) 선생님 진료 예약했는데요.
- We had to cancel our appointment. = 우리는 예약을 취소해야만 했어.
- How do I make an appointment? = 예약을 어떻게 잡죠?

coward [káʊərd] [카월드]

명 겁쟁이
– 품 cowardly: 형 비겁한

Mayu Says

coward와 비슷하지만 더 슬랭의 기운이 넘치는 chicken이란 단어도 있습니다. 그래서 누군가를 겁쟁이라고 놀릴 때 닭 흉내를 내기도 하죠. coward는 명사로, chicken은 명사나 형용사 모두로 쓸 수 있습니다.

Related Words

#scared (겁먹은) #bold (대담한) #fearless (두려움을 모르는)

Example Sentences

- You are such a coward. = 넌 엄청 겁쟁이야.
- I'm a coward. = 난 겁쟁이랍니다.
- Look at all these cowards. = 이 겁쟁이들 좀 봐.
- Run, you coward! = 도망가라, 이 겁쟁이야!
- I thought he was a coward. = 난 걔가 겁쟁이인 줄 알았어.

Week 16

resume [rézəmeɪ] [뤠ᄌ거메이]

명 이력서
- 동 resume: 동 재개하다

Mayu Says
북미 쪽에서는 resume를 많이 쓰지만 타 지역에서는 CV(curriculum vitae)라고 쓰기도 합니다.
resume을 '재개하다'라는 동사로 쓸 땐 "뤼줌"이라고 발음합니다. 주의하세요.

Related Words
#cover letter (자기소개서) #letter of recommendation (추천서)
#experience (경력)

Example Sentences
- Please send us your resume. = 저희에게 이력서를 보내주세요.
- I already submitted my resume. = 제 이력서 이미 제출했어요.
- Can you check my resume? = 내 이력서 좀 체크해줄 수 있어?
- Your resume is impressive. = 이력서가 인상적이네요.
- Help me write my resume. = 나 이력서 쓰는 것 좀 도와줘.

cover letter

[kʌ́və(r) létə(r)] [커럴 레털]

명 자기소개서

Mayu Says

cover letter는 resume(이력서)와 마찬가지로 한 장 정도의 분량으로 쓰는 걸 추천합니다. 그 이상 넘어가면 읽어보지도 않아요. 어디서 구인 광고를 보았는지, 정확히 어떤 자리를 원하는지 적고, 자신에 대한 간략한 소개 및 포부만 넣으세요.

Related Words

#reference letter (경력 조회서) #qualifications (자격 요건)
#human resources (인사부)

Example Sentences

- Here's my cover letter. = 여기 제 자기소개서예요.

- Please include a cover letter. = 자기소개서를 함께 보내주세요.

- Could you check my cover letter? = 제 자기소개서 좀 체크해 주시겠어요?

- Help me with my cover letter. = 나 자기소개서 좀 도와줘.

- Your cover letter is too long. = 네 자기소개서 너무 길어.

co-worker

[kóʊ wɜːrkə(r)] [코우 월컬]

명 직장 동료

Mayu Says

co(함께) + worker(일꾼)이 합쳐진 단어입니다. 조금 더 격식을 차린 단어로는 colleague이 있습니다.
co-employee는 동료 간에 서로를 부를 때는 잘 안 쓰고 공식적인 문서 등에 더 많이 씁니다.

Related Words

#boss (직장 상사) #supervisor (직장 상사) #workplace (일터)

Example Sentences

- My co-workers love me. = 내 직장 동료들은 날 엄청 좋아해.
- I have many co-workers. = 난 직장 동료들이 많아.
- Is she your co-worker? = 그녀는 네 직장 동료니?
- Harry married his co-worker. = Harry는 자기 직장 동료랑 결혼했어.
- Her co-worker got fired. = 그녀의 직장 동료가 해고당했어.

male friend

[méɪl frend] [메일 f뤤드]

명 남사친(남자 사람 친구)

Mayu Says

male friend는 boyfriend와는 달리 친구 중에 남자인 사람을 말합니다. guy friend도 좋아요. 친구 중에 여자인 사람은 female friend라고 합니다. 실제로는 성별을 안 밝히고 단순히 friend라고 하는 경우가 대부분입니다.

Related Words

#boyfriend (남자친구) #friendship (우정) #bestie (가장 친한 친구)

Example Sentences

- She has too many male friends. = 걔는 남사친이 너무 많아.
- I hate her guy friends. = 난 그녀의 남사친들이 싫어.
- I have a lot of guy friends. = 나 남사친은 많아.
- He is just my (male) friend. = 걔는 그냥 내 남사친이야.
- My boyfriend has no female friends. = 내 남자친구는 여사친이 없어.

lyrics [lírɪks] [리륔쓰]

명 가사

Mayu Says
lyrics는 복수로 사용합니다. 캐주얼하게 쓸 때는 lyrics 대신 words라고
써도 좋습니다.

Related Words
#lyricist (작사가) #write (작사하다) #compose (작곡하다)

Example Sentences
- I love its lyrics. = 가사 엄청 마음에 들어.
- Do you remember the lyrics? = 너 그 가사 기억해?
- Memorize the lyrics. = 그 가사를 외워.
- This song has such beautiful lyrics. = 이 노래는 가사가 엄청 아름
  다워.
- Lyrics by Mayu. = 작사: 마유

refund [rí:fʌnd] [뤼f런드]

명 환불
– 롬 refund: 통 환불해주다

Mayu Says

re(다시)와 fund(자금)가 합쳐진 단어이며 전액 환불은 a full refund입니다.

환불을 받는 입장이면 get a refund, 해주는 입장이면 give someone a refund라고 쓰세요.

Related Words

#exchange (교환) #receipt (영수증) #return (반품)

Example Sentences

- I got a refund. = 나 환불받았어.
- They gave me a refund. = 그들이 나한테 환불해줬어.
- I would like a refund. = 환불을 원하는데요.
- Did they give you a full refund? = 그들이 전액 환불해줬어?
- They refused to give me a refund. = 그들이 환불해주는 걸 거부했어.

adorable

[ədɔ́ːrəbl] [어도어뤄벌]

형 사랑스러운
- **품** adore: **동** 사랑하다

Mayu Says

adorable은 lovely처럼 사랑스럽다는 뜻이지만 귀여움을 특히 강조합니다. 귀여운 아이에게 adorable child라고 하는 건 어색하지 않지만, 성인에게 adorable person이라고 하는 건 어색할 수도 있습니다(이럴 땐 lovely person이라고 쓰면 좋아요).

Related Words

#adoration (사랑함) #lovely (사랑스러운) #charming (매력적인)

Example Sentences

- Your baby is so adorable! = 아기가 엄청 사랑스러워요!
- Tiffany is such an adorable child. = Tiffany는 엄청 사랑스러운 아이야.
- How adorable! = 엄청 귀엽네요!
- She has an adorable cat. = 걔는 엄청 귀여운 고양이가 있어.
- That's an adorable story. = 사랑스러운 이야기네.

Week 17

attractive

[ətrǽktɪv] [어트뤡티ᵛ]

형 매력적인
- **품** attraction; **명** 매력

Mayu Says
외모, 성격, 성적 매력으로 남을 끌어당긴다는 뜻인데, 보통 아이나 동물은 attractive하다고 쓰지 않습니다.

charming은 성적 매력은 배제하고 쾌활한 성격, 깔끔한 용모 등으로 인해 매력적인 걸 말합니다.

Related Words
#unattractive (매력적이지 않은) #fine (매력적인) #seduce (유혹하다)

Example Sentences
- The singer is so attractive. = 그 가수 엄청 매력적이야.
- You have an attractive voice. = 당신은 목소리가 매력적이야.
- Mike is not that attractive. = Mike는 그렇게 매력적이진 않아.
- They are all attractive. = 그들은 다 매력적이야.
- You are an attractive woman. = 당신은 매력적인 여자예요.

arrogant

[ǽrəgənt] [애뤄건트]

형 오만한
- **품** arrogance: **명** 오만함

Mayu Says

arrogant보다 더 캐주얼한 표현을 쓰고 싶다면 cocky(건방진)이라는 단어가 있습니다.

반대로, 겸손하다고 말하고 싶다면 modest라는 형용사를 쓰면 좋습니다.

Related Words

#humble (수수한) #snobbish (우월감에 젖어 있는) #rude (무례한)

Example Sentences

- I hate arrogant people. = 난 오만한 사람들이 싫어.
- The rich man was so arrogant. = 그 부자는 엄청 오만했어.
- Why is she so arrogant? = 그녀는 왜 이리 오만한 거야?
- The arrogant man started to laugh. = 그 오만한 남자가 웃기 시작했어.
- He is being cocky. = 걔는 건방지게 굴고 있어.

DAY 114

humble [hʌ́mbl] [험블]

형 겸손한

Mayu Says

비슷하게는 modest란 단어도 있지만 형식적이기 때문에 humble의 사용빈도가 더 높습니다.

외국인들은 과도한 자신감을 내보이는 경우가 종종 있기 때문에, humble한 태도를 굉장히 가치 있게 여기는 경우가 많습니다.

Related Words

#cocky (건방진) #arrogant (오만한) #generous (관대한)

Example Sentences

- The CEO is quite humble. = 그 CEO는 꽤 겸손해.
- I like humble guys. = 난 겸손한 사람들이 좋아.
- We hired the humble young man. = 우린 그 겸손한 젊은이를 고용했어.
- The humble man won the competition. = 그 겸손한 남자가 그 경연 대회에서 이겼어.
- Always be humble. = 항상 겸손하라.

rude [rúːd] [루드]

혱 무례한
- 뭄 rudeness: 몡 무례함

Mayu Says

rude는 impolite(예의 없는)보다 어감이 강하다고 볼 수 있습니다. impolite의 경우 예의 없는 행동이 의도적이 아닐 수도 있지만, rude는 무조건 의도적이며 무례한 정도가 심하다는 느낌을 줍니다.

Related Words

#kind (친절한) #friendly (친근한) #aggressive (공격적인)

Example Sentences

- You are so rude! = 당신 엄청 무례하군요!
- I hate rude customers. = 난 무례한 손님들이 싫어.
- The clerk was being rude. = 그 점원은 무례하게 행동했어.
- Don't be rude! = 무례하게 굴지 마세요!
- What a rude person. = 엄청 무례한 사람이네.

mean [míːn] [미인]

형 못된
– **품** mean: **동** 의미하다

Mayu Says
한국어로도 못된 것과 나쁜 것은 다릅니다. 어떤 상황이 나쁠 수는 있지만 못될 수는 없죠. 하지만 성격은 나쁘다고 할 수도 있고, 못됐다고 표현할 수도 있습니다.

Related Words
#bad (나쁜) #shallow (얄팍한) #nice (착한)

Example Sentences
- You are so mean! = 너 엄청 못됐다!
- My boyfriend is being mean to me. = 내 남자친구가 나한테 못되게 굴어.
- Don't be so mean. = 못되게 굴지 좀 마.
- Lisa is mean to everyone. = Lisa는 모두에게 못되게 굴어.
- I don't like mean girls. = 난 못된 여자들을 안 좋아해.

shallow [ʃǽloʊ] [섈로우]

형 얕은

Mayu Says

깊이가 얕다는 뜻도 되지만 인성이 얄팍하다는 뜻도 됩니다. 얄팍하다고 표현할 땐 superficial이란 업그레이드된 단어도 써보세요.

Related Words

#depth (깊이) #deep (깊은) #sneaky (교활한)

Example Sentences

- The water was quite shallow. = 그 물 꽤 얕았어.
- Was the river deep or shallow? = 그 강 깊었니, 얕았니?
- Perry is such a shallow person. = Perry는 엄청 얄팍한 사람이야.
- The water is too shallow to swim in. = 수영하기엔 물이 너무 얕아.
- He is a shallow character. = 그는 얄팍한 캐릭터야.

silly [síli] [씰리]

형 실없는
- **품** silly: **명** 실없는 사람

Mayu Says

silly는 stupid와는 달리 멍청하다는 느낌이 강한 단어는 아닙니다. 누군가 어린아이같이 엉뚱한 말을 했을 때 stupid라는 단어를 쓰면 굉장히 상처가 되지만 silly는 그 정도는 아닙니다. "아이고, 이 녀석아" 정도로 가벼운 느낌이라고 보면 됩니다.

Related Words

#foolish (어리석은) #stupid (멍청한) #goofy (얼빠진)

Example Sentences

- Don't be so silly. = 실없이 굴지 마.
- I'm being silly. = 제가 실없이 굴고 있군요.
- You silly boy. = 바보야. *애인에게 친근하게 하는 말
- That was a silly idea. = 그건 실없는 생각이었어.
- Stop being silly. = 그만 실없이 굴어.

Week 18

embarrassed

[ɪmbǽrəst] [임베뤄쓰트]

- 형 민망해하는
- – 품 embarrass: 동 민망하게 하다

Mayu Says

민망함을 느끼는 사람은 embarrassed한 것이고, 남을 민망하게 하는 사람이나 주체는 embarrassing한 것입니다. 길을 가다가 넘어졌을 때 민망함을 느끼는 나는 embarrassed하고, 넘어진 행동 자체가 embarrassing한 것이죠.

Related Words

#shy (수줍어하는) #panic (당황) #humiliate (굴욕을 주다)

Example Sentences

- I'm so embarrassed. = 엄청 민망하네.
- Don't be embarrassed. = 민망해하지 마.
- They seemed embarrassed. = 걔네 민망해 보였어.
- I'm not embarrassed at all. = 나 조금도 안 민망해.
- It was an embarrassing moment. = 그것참 민망한 순간이었지.

gifted [gíftɪd] [기f틷]

뗑타고난
– 뮴 gift: 뗑 타고난 재능

Mayu Says
'재능이 있다'는 뜻의 형용사는 gifted와 talented가 있는데, 그중 gifted
는 마치 gift(선물)를 받은 것처럼 타고났다는 느낌이 더 강합니다. 동사
로 쓰고 싶다면 'have a (natural) gift'라고 써도 좋습니다.

Related Words
#genius (천재) #prodigy (영재) #ability (능력)

Example Sentences
- The kid is truly gifted. = 그 애는 진짜 타고났어.
- He is a gifted singer. = 걔는 타고난 가수야.
- Michael Jackson was a gifted musician. = Michael Jackson은
  타고난 음악가였지.
- I don't think I'm gifted. = 전 타고나지 않은 것 같아요.
- You have a gift, son! = 자네는 타고났구먼!

annoyed [ənɔ́ɪd] [어노̇이드]

휑 짜증난
- 품 annoy: 통 짜증 나게 하다

Mayu Says
짜증을 느끼는 사람은 annoyed된 것이고, 남을 짜증 나게 하는 상황이
나 주체는 annoying한 겁니다. 음치인 친구의 노래를 계속 들어서 짜증
을 느낀 나는 annoyed된 것이고, 계속 노래를 해서 짜증 나게 한 친구는
annoying한 사람이 되는 거죠.

Related Words
#upset (기분이 상한) #irritated (짜증 난) #bother (신경 쓰이게 하다)

Example Sentences
- I'm so annoyed right now. = 나 지금 엄청 짜증 나.
- Jessica seemed annoyed. = Jessica 짜증 나 보이더라.
- Why do you look so annoyed? = 너 왜 이리 짜증 나 보이니?
- The annoyed customer complained to us. = 그 짜증 난 손님이 우
  리한테 불평했어.
- Isn't he annoying? = 쟤 짜증 나지 않아?

awful [ɔ́ːfl] [오어플]

형 형편없는

Mayu Says
awful은 awesome(멋진)의 반대말에 가깝습니다. awful해 보인다는 말은, 외모가 지저분하거나 촌스러워 보인다는 말이 될 수도 있지만, 엄청 지쳐 보이거나 아파 보인다는 걱정의 말이 될 수도 있습니다.

Related Words
#terrible (형편없는) #miserable (형편없는) #disgusting (역겨운)

Example Sentences
- You guys look so awful. = 너희 엄청 지쳐 보여.
- What an awful day! = 엄청 형편없는 날이네!
- The weather is awful. = 날씨가 형편없어.
- This bread tastes awful. = 이 빵 맛이 형편없네.
- What is this awful smell? = 이 고약한 냄새는 뭐야?

quick [kwɪk] [쿠익]

형 재빠른
- **품** quickly : **부** 빠르게

Mayu Says

quick은 fast와는 달리 뭔가를 하는 데 걸리는 '시간'이 짧다는 뜻입니다. 반면, fast는 뭔가를 하는 '속도'가 빠르다는 뜻이죠. 짜장면을 10초 만에 먹으면 quick이고, 시속 100km의 속도로 달리면 fast인 거죠. 하지만 크게 구분 없이 쓰는 경우가 대부분입니다.

Related Words

#slow (느린) #prompt (즉각적인) #delayed (지연된)

Example Sentences

- That was quick! = 엄청 재빨랐네요!
- This sports car is so quick! = 이 스포츠카 엄청 재빨라!
- Thank you for your quick response. = 재빠른 답변 감사해요.
- Let me take a quick shower. = 나 재빨리 샤워 좀 할게.
- This train is really fast. = 이 열차 속도 엄청 빨라.

oversleep

[óʊvərsliːp] [오벌슬리잎]

동 늦잠 자다
- 불 oversleep-overslept-overslept

Mayu Says

물론 get up late 혹은 wake up late(늦게 일어나다)라고 표현해도 되지만, 간단하게 oversleep을 써도 됩니다. 한 단어로 붙여 쓰는 걸 잊지 마세요.

Related Words

#sleepyhead (잠꾸러기) #rise and shine (일어나세요) #early bird (일찍 일어나는 사람)

Example Sentences

- I totally overslept. = 나 완전 늦잠 잤어.
- I was late for work because I overslept. = 나 늦잠 자서 출근 늦었어.
- My brother never oversleeps. = 우리 형은 절대 늦잠 안 자.
- I hope you don't oversleep. = 늦잠 안 자길 바란다.
- Did you oversleep again? = 너 또 늦잠 잤어?

throw away

[θroʊ əwéɪ] [<u>th</u>로우 어웨이]

⑧ 버리다
- **⑧ throw-threw-thrown**

Mayu Says
throw(던지다)와 away(떨어진)가 합쳐져 버린다는 뜻이 됩니다. throw out을 써도 좋아요.
집에 있는 쓰레기를 쓰레기 수거하는 곳에 가져가서 버린다고 할 땐 take out the garbage를 쓰세요.

Related Words
#save (버리지 않고 가지고 있다) #waste (낭비하다) #wastebasket (쓰레기통)

Example Sentences
- I threw it away. = 나 그거 버렸는데.
- Did you throw away your receipt? = 너 영수증 버렸어?
- Don't throw it away. = 그거 버리지 마세요.
- I threw away the rotten food. = 나 그 썩은 음식 버렸어.
- Why did you throw it away? = 너 그거 왜 버렸어?

Week 19

hike [háɪk] [하익]

동 등산하다
– 품 hiking: 명 등산

Mayu Says
hike과 climb을 헷갈리지 마세요. climb은 암벽 같은 곳을 '등반'하는 것입니다. hike은 원래 도보로 여행한다는 뜻이기 때문에 등반이 아닌 '등산'에 더 걸맞습니다.

Related Words
#mountain (산) #cliff (절벽) #travel (이동하다)

Example Sentences
- Let's go hiking. = 등산하러 가자.
- My boss and I went hiking. = 상사랑 나 등산하러 갔었어.
- I need new shoes for hiking. = 나 등산용 새 신발 필요해.
- He went hiking with his wife. = 걔는 자기 아내랑 등산하러 갔어.
- I'm into hiking. = 나 등산에 빠져 있어.

drop [drɑːp] [드뢒]

동 떨어뜨리다
- **품** drop : **명** 하락

Mayu Says

drop과 fall을 헷갈리지 마세요. drop은 '떨어뜨리다'와 '떨어지다' 둘 다
되지만, fall은 '떨어지다'는 되고 '떨어뜨리다'는 되지 않습니다. drop은
중간에 관둔다는 의미도 됩니다.

Related Words

#hold (쥐고 있다) #throw (던지다) #pick up (줍다)

Example Sentences

- I dropped my phone again! = 나 전화기 또 떨어뜨렸어!
- Don't drop the computer. = 그 컴퓨터 떨어뜨리지 마.
- Did you drop your charger? = 너 충전기 떨어뜨렸어?
- They dropped the box. = 그들이 그 상자를 떨어뜨렸어.
- I dropped the class. = 나 그 수업 중간에 포기했어.

rinse [ríns] [륀쓰]

등 헹구다
- 복 rinse: 명 헹구기

Mayu Says
이 린스는 샴푸 후에 바르는 그 린스가 아닙니다. 단순히 물로 헹군다는 뜻입니다. 머릿결을 보호하는 린스는 conditioner라고 하는 것이 맞습니다.

Related Words
#lather (비누 거품을 내다) #wash (씻다) #dry (말리다)

Example Sentences
- Rinse it with water. = 그거 물로 헹궈.
- Please rinse it thoroughly. = 그걸 골고루 헹궈주세요.
- I rinsed the cup with hot water. = 나 그 컵을 뜨거운 물로 헹궜어.
- Rinse your mouth. = 입을 헹궈.
- Don't forget to rinse the bottle. = 그 병 헹구는 거 잊지 마.

pass out [pǽs aʊt] [패쓰 아웃]

동 기절하다

Mayu Says

pass out은 기절한다는 뜻으로 쓸 수 있지만 너무 피곤해서 기절하듯 잠 든다는 말도 됩니다.
비슷하지만 pass away는 세상을 떠난다는 뜻이니 정말 주의하세요. 참 사 벌어집니다.

Related Words

#faint (실신하다) #collapse (쓰러지다) #black out (의식을 잃다)

Example Sentences

- I passed out because I was so tired. = 나 엄청 피곤해서 기절했 잖아.
- I'm about to pass out. = 나 기절하기 일보 직전이야.
- Emma passed out after drinking too much wine. = Emma는 와 인을 너무 많이 마시고 나서 기절했어.
- Did you pass out last night? = 너 어젯밤에 기절했니?
- The actor passed away. = 그 배우는 세상을 떠났어.

argue [ɑ́:rgjuː] [알규]

동 말싸움하다
– **품** argument: **명** 말싸움

Mayu Says
사전에 '논쟁하다'라는 어마어마한 해석이 나와 있겠지만 단순히 '말싸움하다' 정도로 생각하면 됩니다. fight와는 달리 오직 말싸움만을 의미합니다.

have an argument라는 같은 뜻의 덩어리 표현도 알아두세요.

Related Words
#fight (싸움) #fist fight (주먹싸움) #conflict (갈등)

Example Sentences
- We argued over food. = 우린 음식을 두고 말싸움했어.
- I don't want to argue with you. = 나 너랑 말싸움하고 싶지 않아.
- Let's not argue anymore. = 더 이상 말싸움하지 맙시다.
- They stopped arguing. = 걔네는 말싸움하는 걸 멈췄어.
- I had an argument with my girlfriend. = 나 여자친구랑 말싸움했어.

apologize

[əpáːlədʒaɪz] [어팔러좌이ㅈ]

⑧ 사과하다
- **⑱** apology: **⑲** 사과

Mayu Says

누구에게 사과하는지 밝히고 싶다면 to를 추가해야만 합니다(빼고 쓰는 실수가 허다함). 예) Apologize me. (X) Apologize to me. (O) 또한 동사형(apologize)과 명사형(apology)을 혼동하는 경우도 많으니 주의하세요.

Related Words

#sorry (미안한) #make up (화해하다) #regret (후회하다)

Example Sentences

- Let me apologize. = 내가 사과할게.
- Apologize to my friend. = 내 친구한테 사과해.
- I don't want to apologize first. = 내가 먼저 사과하긴 싫어.
- My boyfriend never apologizes first. = 내 남자친구는 절대 먼저 사과 안 해.
- Did you apologize to the lady? = 그 여자분께 사과드렸니?

doze off

[dóuz ɔ́:f] [도우ㅈ 오어f]

동 졸다

Mayu Says

꾸벅꾸벅 조는 것은 doze off 혹은 nod off라고 합니다. nod off의 경우 nod가 '끄덕이다'란 뜻인 걸 알면 더욱 기억하기 쉽습니다.

보너스로 take a nap(낮잠을 자다), have a good night's sleep(숙면하다)도 드립니다.

Related Words

#fall asleep (잠들다) #drowsy (나른한) #sleepy (졸린)

Example Sentences

- He dozed off during the seminar. = 그는 그 세미나 중에 졸았어.
- Did you doze off again? = 너 또 졸았어?
- Dozing off while driving is dangerous. = 운전 중에 조는 건 위험합니다.
- Never doze off in my class. = 내 수업에선 절대 졸지 말게.
- I dozed off because I was too tired. = 나 너무 피곤해서 졸았어.

Week 20

fine dust

[fáɪn dʌst] [f̄아인 더스트]

명 미세먼지
– **품** dust: **동** 먼지를 털다

Mayu Says

여기서 fine은 '괜찮은'이란 뜻이 아니라 '입자가 고운'이란 뜻입니다. fine
대신 micro를 넣어 micro dust라고 해도 의미는 비슷합니다.

Related Words

#air purifier (공기 청정기) #cough (기침하다) #mask (마스크)

Example Sentences

- What's the cause of fine dust? = 미세먼지의 원인이 뭐죠?
- Fine dust threatens health. = 미세먼지는 건강을 위협합니다.
- This special mask filters fine dust. = 이 특수 마스크는 미세먼지를
  거릅니다.
- Fine dust levels are high in fall. = 미세먼지 레벨은 가을에 높아.
- I don't want to breathe in fine dust. = 난 미세먼지를 흡입하고 싶
  지 않아.

anniversary

[ænɪvɜ́ːrsəri] [애니`벌써뤼]

명 기념일
- **품** annual: **형** 연례의

Mayu Says
결혼기념일이라고 할 때 굳이 wedding anniversary라고 할 필요 없이 anniversary라고만 해도 됩니다.
결혼기념일 외에도 1년에 한 번 기념하는 날은 이렇게 부릅니다.

Related Words
#celebrate (기념하다) #congratulate (축하하다) #wedding (결혼식)

Example Sentences
- Today is our anniversary. = 오늘 우리 기념일이야.
- It's our 10th anniversary today. = 오늘 우리 10주년이야.
- Our anniversary is coming up. = 우리 기념일이 다가오고 있어.
- They celebrated their 30th anniversary. = 그들은 30주년을 기념했어.
- When is your wedding anniversary? = 너희 결혼기념일이 언제야?

toothpick

[túːθpɪk] [투th픽]

몡 이쑤시개

Mayu Says

영어에서는 쑤시거나 파는 것을 pick한다고 표현합니다. teethpick이라고 하지 않게 주의하세요. 보통 레스토랑에 비치해두는 일은 없고 가정용으로만 판매하곤 합니다.

Related Words

#dental floss (치실) #toothbrush (칫솔) #toothpaste (치약)

Example Sentences

- Do you have a toothpick? = 이쑤시개 있어?
- Use a toothpick to remove it. = 그걸 제거하기 위해 이쑤시개를 써.
- I have a couple of toothpicks. = 나 이쑤시개 몇 개 있어.
- We sell wooden toothpicks. = 저희 나무 이쑤시개 팔아요.
- We don't have toothpicks here. = 저희는 이쑤시개가 없습니다.

cotton swab

[káːtn swɑːb] [카튼 스왑]

명 면봉

Mayu Says
일반 명사로는 cotton swab이 맞지만, Q-tip이라는 상표의 면봉이 너무 유명해서 실제로는 그 상표명을 일반 명사처럼 사용하는 사람들이 많습니다.

Related Words
#gauze (거즈) #tissue (화장지) #cotton pad (화장용 솜)

Example Sentences
- I picked my ears with a cotton swab. = 나 면봉으로 귀 팠어.
- Apply it with a cotton swab. = 그걸 면봉으로 바르세요.
- I need more cotton swabs. = 나 면봉 더 필요해.
- Did you order more cotton swabs? = 너 면봉 더 주문했어?
- Why don't you use a cotton swab? = 면봉을 쓰는 게 어때?

manners

[mǽnə(r)s] [매널쓰]

 매너

Mayu Says
매너를 그대로 manner라고 쓰면 안 됩니다. 그러면 '방식'이라는 뜻이
돼요. 복수로 manners라고 쓰는 게 맞습니다. 동사도 복수에 매칭시키
세요.

Related Words
#etiquette (에티켓) #attitude (태도) #politeness (공손함)

Example Sentences
- Learn some manners. = 매너 좀 배워.
- He has good manners. = 걔는 매너가 좋아.
- I like men with manners. = 난 매너 있는 남자들이 좋아.
- Where are your manners? = 네 매너는 어디 간 거니?
- Julian is a man with manners. = Julian은 매너가 있는 남자야.

attitude [ǽtɪtuːd] [애터튠]

명 태도, 삐딱한 태도

Mayu Says
태도를 나타내는 attitude를 성격을 나타내는 personality와 헷갈리지 마세요.
나쁜 태도를 보이거나 삐딱하게 군다는 뜻의 give someone attitude라는 덩어리 표현도 알아두면 좋아요. 미드에서 반드시 듣게 됩니다.

Related Words
#manners (매너) #posture (몸의 자세) #mindset (마음가짐)

Example Sentences
- Keep a positive attitude. = 긍정적인 태도를 유지해.
- His son has a negative attitude. = 그의 아들은 부정적인 태도를 가졌어.
- Don't give me attitude. = 나한테 나쁜 태도 보이지 마.
- You are giving me attitude! = 당신 나한테 삐딱하게 굴고 있잖소!
- Charlie is a boy with a great attitude. = Charlie는 좋은 태도를 가진 아이야.

major [méɪdʒə(r)] [메이줠]

명 전공
- 품 major : 동 전공하다

Mayu Says
major는 '전공자'라는 명사도 됩니다.
동사로 뭔가를 전공한다고 표현하고 싶다면 in을 추가해줘야만 합니다.
예) major in English Education = 영어교육을 전공하다

Related Words
#minor (부전공) #double-major (복수 전공하다) #degree (학위)

Example Sentences
- My major is Math. = 내 전공은 수학이야.
- What's your major? = 네 전공은 뭐야?
- I have the same major as yours. = 난 너랑 전공이 같아.
- I am a Science major. = 전 과학 전공자예요.
- I majored in Accounting. = 나 회계학 전공했어.

Week 21

outgoing [ávtɡoʊɪŋ] [아웃고잉]

형 외향적인

Mayu Says

성격이 '밖으로(out)' + '나가다(going)'가 의역되어 활발함을 표현합니다. 그렇다고 내향적인 걸 ingoing이라고 하지는 않고, 좀 어렵지만 introverted를 씁니다.

Related Words

#extroverted (외향적인) #shy (수줍은) #bold (대담한)

Example Sentences

- Alison has an outgoing personality. = Alison은 성격이 외향적이야.
- I wish I had an outgoing personality. = 내가 외향적인 성격이면 좋을 텐데.
- My kids are very outgoing. = 우리 애들은 엄청 외향적이에요.
- Are you outgoing? = 너 외향적이니?
- I'm not so outgoing. = 나 그렇게 외향적이진 않아.

close [klóʊs] [클로우쓰]

형 친한
- **품** close: **동** 닫다

Mayu Says

친하다는 건 사이가 '가깝다'는 말이지 성격이 '친근하다'는 말이 아닙니다. 친근한 건 friendly죠. 둘이 친하다는 걸 'We are friendly'라고 해버리면 자기 어필이 됩니다.

Related Words

#bestie (가장 친한 친구) #stranger (낯선 사람) #intimate (친밀한)

Example Sentences

- Are you guys close? = 너희 친해?
- We are not that close. = 저희 그렇게 친하진 않아요.
- I am close to Mayu. = 나 마유랑 친해.
- I want to be close to you. = 난 당신과 친해지고 싶어.
- My close friend is a soldier. = 내 친한 친구가 군인이야.

jealous [dʒéləs] [췔러쓰]

형 질투하는
- **품** jealousy; **명** 질투

Mayu Says
jealous란 단어는 많은 사람이 알지만 대체 무엇에 질투가 나는지를 표현할 수 있는 사람은 많지 않습니다. 그럴 땐 of를 추가해주면 됩니다. jealous는 나쁜 감정 없이 단순히 굉장히 부러워할 때도 자주 씁니다.

Related Words
#envy (부러워하다) #envious (부러워하는) #mad (삐친!)

Example Sentences
- Are you jealous? = 너 질투해?
- No, I'm not jealous at all! = 아니, 나 조금도 질투 안 나는데!
- They are just jealous of you. = 걔들은 그냥 널 질투하는 거야.
- I am jealous of your success. = 난 네 성공이 질투 나.
- Why are you jealous of me? = 너 왜 날 질투해?

picky [píki] [피키]

형 까다로운
– 품 pick: 동 고르다

Mayu Says

자기가 좋아하는 것만 골라내는(pick) 듯한 성향을 표현합니다. 뒤에
about을 추가하면 무엇에 대해 까다로운지 말할 수 있죠.
have high standards(기준이 높다 → 까다롭다)도 알아두세요.

Related Words

#particular (까다로운) #arrogant (오만한) #snob (우월감에 빠진 사람)

Example Sentences

- I am not that picky. = 나 그렇게 안 까다로워.
- Brian is picky about girls. = Brian은 여자에 대해 까다로워.
- Is your sister picky about men? = 너희 언니 남자에 대해 까다롭니?
- He is a very picky person. = 그는 엄청 까다로운 사람이야.
- Don't be so picky. = 그렇게 까다롭게 굴지 마.

clear [klír] [클리얼]

형 투명한, 분명한
- 품 clarity: 명 투명도

Mayu Says
clear(투명한)와 clean(깨끗한)은 다를 수 있다는 걸 명심하세요. clear
한 유리병도 설거지를 안 하면 clean하지 않을 수 있으니까요.

Related Words
#unclear (불분명한) #opaque (불투명한) #sheer (비칠 정도로 얇은)

Example Sentences
- The wine bottle was clear. = 그 와인병은 투명했어.
- The water is so clear. = 물이 엄청 맑네.
- The waiter gave me a clear glass. = 웨이터가 투명 유리잔을 줬어.
- The sky is clear! = 하늘이 맑아!
- It's clear that James likes you. = James가 널 좋아하는 게 분명해.

obvious [á:bviəs] [아v ㅣ어쓰]

형 뻔한
- **품** obviously : **부** 뻔히

Mayu Says

확연함을 표현하는 obvious는 clear(분명한)과 비슷하게 사용합니다. 발음할 때는 b를 거의 묵음에 가깝게 죽이고 발음하세요.

Related Words

#unclear (불분명한) #definitely (확실히) #noticeable (눈에 띄는)

Example Sentences

· The ending was so obvious. = 엔딩이 엄청 뻔했어.

· Isn't it obvious? = 뻔한 거 아니야?

· It's so obvious that you like Frank. = 네가 Frank를 좋아하는 게 티 나.

· Can you be more obvious? = 더 뻔해질 수 있겠니? *너무 티 나게 군다고 비꼬는 것

· He showed obvious symptoms. = 그는 확연한 증상들을 보였어.

complicated

[kά:mplɪkeɪtɪd] [캄플리케이틷]

형 복잡한
- **품** complication: **명** 합병증

Mayu Says
사전에는 complicated와 complex가 마치 같은 의미인 것처럼 풀이되어 있을 수도 있지만, complicated는 이해하거나 해결하기 어렵다는 느낌인 반면, complex는 단순히 여러 요소가 복합되어 있거나 정교하다는 느낌입니다.

Related Words
#simple (단순한) #sophisticated (정교한) #confusing (헷갈리는)

Example Sentences
- Women are complicated. = 여자들은 복잡해.
- It's a complicated matter. = 그건 복잡한 문제입니다.
- My love life is complicated. = 내 연애 인생은 복잡해.
- It's not that complicated. = 그거 그렇게 복잡하진 않아.
- This is a complicated case. = 이건 복잡한 케이스야.

Week 22

old-fashioned

[óʊld fǽʃənd] [올드 f내셔드]

형 구식인

Mayu Says
여기서 fashion은 옷 스타일이 아니라 '방식'을 의미합니다.
물건, 사람, 사상 등에 다양하게 사용합니다.

Related Words
#fashionable (유행하는) #trendy (최신 유행의) #outdated (구식인)

Example Sentences
- My boss is so old-fashioned. = 우리 상사 엄청 구식이야.
- This style is so old-fashioned. = 이 스타일 엄청 구식이야.
- I love old-fashioned music. = 난 구식 음악이 너무 좋아.
- It's not old-fashioned! = 그거 구식 아니야!
- His business ideas are old-fashioned. = 그의 사업 아이디어들은 구식이야.

broke [broʊk] [브로욱]

형 빈털터리인
– **품** broke: **동** 부쉈다

Mayu Says

broke는 break(부수다)의 과거 형태이기도 하지만 broke 자체가 형용사로 돈이 너무 없다는 뜻이기도 합니다.
비슷하게는 조금 형식적이지만 penniless(10원도 없는)라는 형용사도 있습니다.

Related Words

#dead broke (완전히 빈털터리인) #bum (거지) #bankrupt (파산한)

Example Sentences

- I'm broke! = 나 빈털터리야!
- We're already broke. = 우리 벌써 돈 다 썼어.
- Why is your brother always broke? = 왜 너희 형은 항상 돈이 없니?
- I don't want to be broke. = 나 빈털터리 되기 싫어.
- Everyone is broke at this time of year. = 연중 이맘때면 모두가 빈털터리야.

bald [bɔ́ːld] [보얼드]

혱 대머리인

Mayu Says

'대담하다'는 뜻의 형용사 bold와 헷갈리지 않게 주의하세요.
숱이 많다고 할 땐 have a lot of hair라고 표현합니다.

Related Words

#bald-headed (대머리인!) #go bald (머리가 벗어지다) #hairy (털이 많
은)

Example Sentences

- My husband is bald. = 우리 남편 대머리야.
- No one is bald in my family. = 우리 가족 중엔 대머리가 없어.
- I don't want to go bald. = 나 대머리 되기 싫어.
- Oliver is going bald. = Oliver는 머리가 벗어지고 있어.
- That bald-headed man is my uncle. = 저 대머리인 남자가 우리 삼
  촌이야.

confident

[kɑ́ːnfɪdənt] [칸fㅣ던트]

형 자신감 있는, 확신하는
– **품** confidence: **명** 자신감

Mayu Says

영어를 마스터할 때 절대적인 요소가 바로 자신감입니다. 이 점 꼭 명심하세요.

자신감이 없다고 할 때는 명사 confidence를 사용해서 have no confidence라고 하면 됩니다.

Related Words

#nervous (긴장한) #anxious (불안해하는) #shy (수줍어하는)

Example Sentences

- He seems confident. = 걔 자신감 있어 보여.
- I'm pretty confident. = 나 꽤 확신해.
- Women like confident men. = 여자들은 자신감 있는 남자들을 좋아해.
- The candidate looked confident. = 그 후보자는 자신감 있어 보였어.
- Have some confidence. = 자신감을 좀 가져.

weird [wírd] [위얼드]

형 괴상한

Mayu Says

strange와는 달리 weird는 대부분의 경우 부정적인 느낌을 주는 단어이기 때문에, '괴상한'이라고 생각하면 좋습니다. weird하게 행동하는 사람은 weirdo라고 부릅니다.

Related Words

#odd (이상한) #normal (정상적인) #creepy (소름 돋는)

Example Sentences

- That's weird. = 그것참 괴상/희한하네.
- Weird things are happening. = 괴상한 일들이 벌어지고 있어.
- Isn't it weird? = 괴상하지 않아?
- There's something weird about that guy. = 저 남자는 뭔가 괴상해.
- You are such a weirdo. = 너 엄청 괴상한 놈이야.

grateful [gréɪtfl] [그뤠잇훌]

형 감사해하는
— 품 gratitude: 명 고마움

Mayu Says
좋은 일에 대한 감사함을 표현합니다. 스펠링에 주의하세요(greatful 이아님).

비슷하지만 thankful은 안 좋은 일이 벌어지지 않은 것에 대한 감사함, 즉 다행이라는 의미로 쓰일 때가 많습니다.

Related Words
#thank (고마워하다) #appreciate (감사하다) #Thank God. (참 다행이다.)

Example Sentences
- I am grateful for your support. = 당신의 지지에 감사합니다.
- We are grateful for your help. = 당신의 도움에 감사합니다.
- You should be grateful. = 너 감사해야 해.
- We are grateful to all of you. = 저희는 여러분 모두에게 감사합니다.
- I'm so thankful that he is okay. = 그가 괜찮아서 너무 다행이야.

thoughtful [θɔ́ːtfl] [떳풀]

휑 배려심 있는
- 墨 thoughtfulness: 몡 배려심

Mayu Says
말 그대로 thought(생각)가 full(가득한)한 상태를 나타내는 단어입니다.
반대로 배려심이 없다고 할 땐 thought(생각)가 less(없는)한 상태를 말
하는 thoughtless가 있죠.

Related Words
#considerate (배려하는) #inconsiderate (배려하지 않는)
#consideration (배려/숙고)

Example Sentences
- How thoughtful! = 배려심 있으시네요!
- Your boyfriend is so thoughtful. = 네 남자친구 아주 배려심 있네.
- Thank you for your thoughtful advice. = 사려 깊은 충고 감사
  해요.
- He is a thoughtful person. = 그는 배려심 있는 사람이야.
- That was a thoughtless comment. = 그건 배려심 없는 지적이었
  어요.

Week 23

ridiculous

[rɪdíkjələs] [뤼디큘러쓰]

형 말도 안 되는
- 품 ridicule: 동 조롱하다

Mayu Says

말이 안 될 정도로 형편없다는 부정적인 의미이며 사용빈도가 심하게 높습니다.

stupid(형편없는, 멍청한)이라는 단어의 조금 더 형식적인 버전이라고 생각해도 좋습니다.

Related Words

#pathetic (형편없는) #terrible (형편없는) #nonsense (터무니없는 것)

Example Sentences

- This is ridiculous! = 이건 말도 안 돼!
- What a ridiculous idea. = 엄청 말도 안 되는 아이디어구먼.
- Don't be ridiculous. = 말도 안 되게 굴지 마.
- My boss said ridiculous things. = 우리 상사가 말도 안 되는 말을 했어.
- This costume looks ridiculous. = 이 코스튬 형편없어 보여.

raw [rɔ:] [뤄어]

형 날것의

Mayu Says
발음과 스펠링을 law(법)와 헷갈리지 마세요.
요리가 된 것은 cooked를 쓰면 됩니다.
꼭 음식이 아니어도 아무 수정이 되어 있지 않은 원래 상태의 것을 raw 하다고 합니다.

Related Words
#plain (꾸미지 않은) #edited (편집된) #added (첨가된)

Example Sentences
- I can't eat raw fish. = 나 날생선 못 먹어.
- Try not to eat raw food. = 날것은 먹지 않으려고 해봐.
- They gave the bear raw meat. = 그들은 그 곰한테 날고기를 줬어.
- Raw food is not good for you. = 날것은 건강에 안 좋아.
- How much is the raw material? = 원재료가 얼마예요?

skeptical [sképtikəl] [스켚티컬]

형 회의적인
- 품 skeptic: 명 회의적인 사람

Mayu Says
어떤 생각이나 물건에 대해 의심을 하는 태도를 말합니다. 한 달 만에 영어를 완성할 수 있다는 광고를 보면 skeptical해질 수밖에 없겠죠?

Related Words
#fraud (사기) #trick (속이다) #doubt (의심하다)

Example Sentences
- I'm skeptical about it. = 난 그거 못 믿어.
- Greg is skeptical about everything. = Greg은 모든 것에 대해 회의적이야.
- I was skeptical at first, too. = 나도 처음엔 회의적이었어.
- The customers are being skeptical. = 그 손님들은 의심하고 있습니다.
- People are skeptical about the new policy. = 사람들은 그 새 정책에 대해 회의적이다.

anyway [éniweɪ] [에니웨이]

🖐️ 어차피

Mayu Says
anyway를 쉼표와 함께 문장 맨 앞에 넣으면 화제를 바꾸는 '아무튼'이란 뜻이 되지만, 쉼표 없이 문장 맨 뒤에 넣으면 '무조건 상관없이' 혹은 '어쨌든', '어차피'라는 의미가 됩니다.

Related Words
#by the way (그나저나) #anyhow (아무튼) #no matter what (무조건)

Example Sentences
- I called her anyway. = 난 걔한테 어쨌든 전화했어.
- I have to go to Myeongdong anyway. = 나 어차피 명동 가야 해.
- We have to eat lunch anyway. = 우리 어차피 점심 먹어야 해.
- She opened the box anyway. = 걔는 어쨌든 그 상자를 열었어.
- I was going to leave anyway. = 나 어차피 가려고 했어.

accidentally

[æksədéntəli] [액써덴털리]

부 실수로
- **품** accident: **명** 사고, 실수

Mayu Says
accident(사고)가 벌어진 것처럼 어떤 일이 의도적이지 않게 '실수로' 혹은 '우연히' 발생했음을 표현합니다.
by accident라는 덩어리 표현으로 써도 좋습니다.

Related Words
#intentionally (고의로) #purposely (일부러) #mistakenly (실수로)

Example Sentences
- I accidentally pressed the wrong button. = 나 실수로 다른 버튼 눌렀어.
- She accidentally dropped her phone. = 걔는 실수로 자기 전화기를 떨어뜨렸어.
- We accidentally called 911. = 우린 실수로 911에 전화했어.
- I accidentally fell down. = 나 실수로 넘어졌어.
- He accidentally took my phone. = 걔 실수로 내 전화기 가져갔어.

fluently [flúːəntli] [플루언틀리]

부 유창하게
- **품** fluency; **명** 유창함

Mayu Says
언어를 잘 구사한다고 말할 때 자주 사용합니다. 언어가 아닌 것을 능숙하게 한다고 할 땐 skillfully(능숙하게)라는 부사를 사용하세요.

Related Words
#naturally (자연스럽게) #smoothly (매끄럽게) #clumsily (서투르게)

Example Sentences
- I speak English fluently. = 저 영어 유창하게 해요.
- I want to speak French fluently. = 나 프랑스어 유창하게 하고 싶어.
- Does he speak Korean fluently? = 걔는 한국어를 유창하게 하니?
- I wish I could speak English fluently. = 내가 영어를 유창하게 하면 좋을 텐데.
- We speak both Korean and English fluently. = 저희는 한국어랑 영어 둘 다 유창해요.

home [hóʊm] [호움]

부 집으로
– **품** home: **명** 집

Mayu Says

home은 명사로도 쓰이지만 부사로 사용할 때가 더 많습니다. '~로'라는 의미를 포함하고 있기 때문에 집으로 간다고 할 때 to를 쓸 필요가 없죠. 예) go to home (X)

Related Words

#here (여기로) #there (거기로) #downtown (시내로)

Example Sentences

- Let's go home. = 집으로 가자.
- Are you going home now? = 너 지금 집에 가?
- I went home and she went to school. = 난 집으로 가고 걔는 학교로 갔어.
- Come home early. = 집에 일찍 와.
- Ashley came back home early. = Ashley가 집에 일찍 돌아왔어.

Week 24

at least [æt líːst] [앳 리스트]

부 적어도

Mayu Says
at the least로 쓰는 경우도 간혹 있으며 강조를 위해 at the very least
라고 쓰기도 합니다. 반대로 '아무리 많아도'라고 할 땐 at most 혹은 at
the most라고 쓰면 됩니다.

Related Words
#least (가장 덜) #most (가장 많이) #at the latest (아무리 늦어도)

Example Sentences
- At least, I have a girlfriend. = 적어도 난 여자친구라도 있지.
- At least, she studies hard. = 적어도 걔는 공부는 열심히 해.
- We need at least 5 more people. = 우리는 적어도 다섯 명은 더 필
  요해.
- It will take 2 weeks at the very least. = 그건 아무리 적어도/최소
  2주는 걸릴 겁니다.
- I can only eat 3 slices at the most. = 난 아무리 많아도 세 조각만
  먹을 수 있어.

immediately

[ɪmíːdiətli] [이미디엇리]

부 즉시, 바로
- **품** immediate : **형** 즉각적인

Mayu Says

immediately도 아주 형식적인 단어는 아니지만 더 캐주얼한 표현으로는 right away 혹은 straight away가 있습니다.

Related Words

#later (나중에) #in a hurry (서둘러서) #urgently (다급히)

Example Sentences

- Report back to me immediately. = 나한테 즉시 보고하게.
- Email me back immediately. = 나한테 즉시 이메일 답해줘.
- I immediately noticed that. = 난 그걸 바로 알아차렸어.
- Come down to the lobby immediately. = 로비로 즉시 내려오세요.
- I cancelled it immediately. = 난 그걸 바로 취소했어.

eventually

[ɪvéntʃuəli] [이벤츄얼리]

🔵 결국에는
– 🔳 eventual: 🔷 최종적인

Mayu Says

eventually는 '오랜 시간이 걸렸고 문제가 좀 있었지만'이라는 뉘앙스가 묻어 있습니다. 비슷한 의미의 표현으로는 in the end가 있습니다.

Related Words

#finally (마침내) #initially (처음에는) #originally (원래는)

Example Sentences

- She eventually gave up. = 걔는 결국엔 포기했어.
- He eventually said yes. = 걔는 결국엔 알겠다고 했어.
- Eventually, they are going to accept it. = 결국엔, 그들은 그걸 받아들일 거야.
- The enemy eventually surrendered. = 적은 결국엔 항복했다.
- She will eventually regret it. = 그녀는 결국엔 그걸 후회할 거야.

literally [lítərəli] [리터뤌리]

🔵부 문자 그대로
- **🔵품** literal : **🔵형** 문자 그대로의

Mayu Says
'문자 그대로'라는 말은 그 표현에 꾸밈이나 다른 의미가 추가되지 않았
다는 뜻입니다. 누군가 literally 원빈을 닮았다고 하면 실제로 비슷하게
생겼다는 말이 됩니다. 진짜임을 강조하고 싶을 때도 씁니다.

Related Words
#indeed (진정으로) #truly (진정으로) #exactly (정확히)

Example Sentences
- Mayu literally looks like my brother. = 마유는 문자 그대로 우리 형
  이랑 닮았어.
- The word literally means 'small happiness'. = 그 단어는 문자 그
  대로 '작은 행복'이란 뜻이야.
- I am literally shaking. = 나 진짜로 떨고 있어.
- Her phone literally broke in pieces. = 그녀의 전화기가 문자 그대로
  산산조각이 났어.
- I literally fell off the cliff. = 나 진짜로 그 절벽에서 떨어졌어.

tights [táɪts] [타이츠]

명 타이츠
– **품** tight: **형** 꽉 끼는

Mayu Says
우리가 신는 tights는 사실 '타이즈'가 아니라 '타이츠'입니다.
양말, 레깅스, 바지와 마찬가지로 복수 취급하세요. 한 벌임을 강조할 땐
a pair of tights라고 쓰면 됩니다.

Related Words
#socks (양말) #slacks (바지) #pantyhose (팬티스타킹)

Example Sentences
- Have you seen my tights? = 내 타이츠 본 적 있어?
- How much are these tights? = 이 타이츠 얼마예요?
- I bought a pair of winter tights. = 나 겨울 타이츠 한 벌 샀어.
- I am wearing tights underneath my pants. = 나 바지 속에 타이츠 입고 있어.
- The dancers were wearing black tights. = 그 댄서들은 검정 타이츠를 입고 있었어.

pantyhose

[pǽntihoʊz] [팬티호우ᴢ]

명 팬티스타킹

Mayu Says

우리가 자주 쓰는 stockings(스타킹)이란 단어는 원래 '긴 양말'이라는 뜻입니다. 팬티스타킹은 pantyhose라고 해야 하고 복수 취급해야 합니다. 한 켤레임을 강조할 땐 a pair of pantyhose라고 쓰세요.

Related Words

#thigh highs (밴드스타킹) #knee highs (발목스타킹) #leggings (레깅스)

Example Sentences

- Pantyhose are expensive these days. = 요즘엔 팬티스타킹이 비싸.
- I have a run in my pantyhose. = 팬티스타킹에 올이 나갔어.
- Handwash your pantyhose. = 팬티스타킹을 손빨래하세요.
- I need a pair of pantyhose. = 나 팬티스타킹 한 켤레 필요해.
- I have an extra pair of pantyhose. = 나 팬티스타킹 한 켤레 여분으로 있어.

soft drink

[sɔ́ːft drɪŋk] [써f트 드링크]

명 탄산음료

Mayu Says
탄산음료를 문자 그대로 옮긴 단어는 carbonated drink이지만, 캐주얼
하게 soft drink 혹은 soda란 단어를 많이 쓰는 편입니다. soda pop이라
고 부르는 지역도 있어요.

Related Words
#carbonated water (탄산수) #fizzy drink (탄산음료) #tea (차)

Example Sentences
- I would like a soft drink. = 탄산음료 하나 주세요.
- Would you like a bottle of water or a soft drink? = 물 한 병 드릴
  까요, 탄산음료 드릴까요?
- Soft drinks are not good for you. = 탄산음료는 몸에 안 좋아.
- I ordered a soft drink for you. = 널 위해 탄산음료를 주문했어.
- I prefer a soft drink. = 전 탄산음료를 선호해요.

Week 25

autograph

[ɔ́:təɡræf] [어터그뤠ㅍ]

명 사인
- **품** autograph: **동** 사인해주다

Mayu Says
autograph는 유명인의 사인입니다. 이와 달리 signature는 법적 효력이 있는 정식 서명을 말해요. 좋아하는 연예인에게 "Can I get your signature?"라고 하지 않길 간절히 바랍니다.

Related Words
#celebrity (유명인) #signature (서명) #famous (유명한)

Example Sentences
- Can I get your autograph? = 사인 좀 받을 수 있을까요?
- Tom Hanks gave me his autograph. = Tom Hanks가 사인해줬어.
- Chloe got their autographs. = Chloe가 그들의 사인을 받았어.
- His autograph is worth $1 million. = 그의 사인은 100만 달러의 가치가 있어.
- Do you want my autograph? = 제 사인을 원하세요?

promotion

[prəmóuʃn] [프로모우션]

명 승진
- **품** promote: **동** 승진시키다

Mayu Says

'승진하다'라는 동사를 만들고 싶다면 get a promotion이라고 쓰면 됩니다.

promotion은 상품의 '판촉'이라는 의미도 됩니다.

Related Words

#advancement (승진!) #salary (봉급) #be promoted (승진하다)

Example Sentences

- I got a promotion! = 나 승진했어!
- My wife got a promotion! = 우리 아내 승진했어!
- Congratulations on your promotion! = 승진 축하해요!
- I hope I get a promotion. = 나 승진했으면 좋겠어.
- I got promoted! = 나 승진했어!

staff [stæf] [스태f]

명 스태프

Mayu Says
staff는 한 명을 표현하는 단어가 아니라 group처럼 단체를 표현하는 단어입니다. *미국식

staff 내의 구성원 한 명은 staff member라고 쓰세요.

Related Words
#crew (팀) #crew member (팀 내의 한 명) #party (단체)

Example Sentences
- The staff was very helpful. = 그 스태프는 엄청 친절했어.
- Our staff will gladly help you. = 저희 스태프가 기꺼이 도와드릴 겁니다.
- Two different staffs are working for the same leader. = 그 리더를 위해 두 개의 다른 스태프(두 단체)가 일하고 있어.
- We have a staff of 5. = 우린 다섯 명의 스태프가 있어.
- Please talk to one of our staff members. = 저희 스태프 멤버 중 한 명과 얘기해주세요.

mechanic

[məkǽnɪk] [머캐닉]

명 정비사
- **품** mechanical: **형** 기계적인

Mayu Says
car(자동차)라는 단어를 굳이 붙이지 않아도 대부분 자동차 관련 정비사
를 말합니다. technician(기술자)과는 달리 전기와 관련된 부분보다는 기
계적인 부분을 다루는 직업을 말합니다.

Related Words
#repair (수리) #repair shop (정비소) #automotive (자동차의)

Example Sentences
- My best friend is a mechanic. = 나랑 가장 친한 친구가 정비사야.
- Polly married a mechanic. = Polly는 정비사랑 결혼했어.
- The mechanic makes lots of cash. = 그 정비사 현금 엄청 벌어.
- Do you know any good mechanic? = 실력 좋은 정비사 좀 아니?
- I took my car to the mechanic. = 내 차를 그 정비사한테 가져
  갔어.

debt [dét] [뎃]

명 빚

Mayu Says
발음 기호에서 볼 수 있듯이 b가 묵음이므로 "뎁트"라고 발음하면 안 됩니다.

빚지고 있는 상태를 말할 땐 in debt이라고 표현하세요. 예) I'm in debt.

Related Words
#owe (빚지다) #loan (대출) #pay back (갚다)

Example Sentences
- Roy is in debt. = Roy는 빚이 있어.

- Are you in debt? = 너 빚이 있니?

- He finally paid off his debt. = 그는 마침내 그의 빚을 청산했어.

- The debt collector came to see Chris. = 그 빚 수금업자가 Chris를 보러 왔어.

- I think Raymond is deep in debt. = Raymond는 큰 빚이 있는 것 같아.

owe [óʊ] [오우]

동 빚지고 있다

Mayu Says
이 단어만 알고 도대체 누구에게 빚진 건지, 얼마를 빚진 건지 표현할
줄 모른다면 의미 제로입니다. 'owe + 사람 + 금액'의 어순을 꼭 기억
하세요.

Related Words
#own (소유하다) #invest (투자하다) #supervise (감독하다)

Example Sentences
• You owe me $100. = 너 나한테 100달러 빚졌잖아.

• I owe him a lot of money. = 나 걔한테 돈 많이 빚졌어.

• My brother owes me $20. = 우리 형 나한테 20달러 빚졌어.

• Do I owe you anything? = 제가 당신한테 빚진 게 뭐라도 있나요?

• You owe me nothing. = 당신은 저한테 아무것도 빚진 게 없어요.

pay back [péɪ bǽk] [페이 백]

동 갚다

Mayu Says

back은 '도로'라는 느낌의 단어인데 pay 외에도 응용이 가능합니다. 예)
go back (도로 가다 → 되돌아가다) / talk back (도로 얘기하다 → 말대
꾸하다)

Related Words

#debt (빚) #owe (빚지고 있다) #due date (만기 예정일)

Example Sentences

· Pay me back soon. = 빨리 갚아라.

· When are you going to pay me back? = 너 나한테 언제 갚을
거야?

· I'm going to pay them back someday. = 그들에게 언젠가 갚을 거
예요.

· She finally paid back the money. = 그녀는 마침내 그 돈을 갚았어.

· I can pay you back tomorrow. = 나 내일 너한테 갚을 수 있어.

Week 26

mention [ménʃn] [멘션]

동 언급하다
- 품 mention: 명 언급

Mayu Says
말을 꺼내거나 이름을 댄다는 뜻인데, 문제는 많은 분들이 about과 함께 쓴다는 것입니다. 영어에서는 '~에 대해 언급하다'가 아니라 '~를 언급하다'라고 합니다. about은 쓰지 마세요.

Related Words
#bring up (얘기를 꺼내다) #keep silent (침묵하다) #discuss (의논하다)

Example Sentences
- The professor didn't mention anything. = 교수님이 아무 언급도 안 하셨는데요.
- Did they mention anything? = 그들이 무슨 말이라도 꺼냈니?
- You don't need to mention it. = 그건 언급할 필요 없어.
- I forgot to mention it. = 그 말을 꺼낸다는 걸 깜빡했네.
- Don't mention it. = 그걸 언급하지 마세요. → 별말씀을요.

run [rʌn] [뤈]

롱 운영하다

Mayu Says

사업체 등을 운영한다고 할 때 operate을 쓰기도 하지만, 굉장히 형식적
인 단어에 속합니다. 관리의 개념에 더 집중할 땐 manage를, 소유의 개
념에 더 집중할 땐 run을 쓰는 게 일반적입니다.

Related Words

#own (소유하다) #invest (투자하다) #supervise (감독하다)

Example Sentences

- I'm running a small business. = 나 작은 사업체 하나 운영하고 있어.

- She is running a study group. = 그녀는 스터디 그룹을 운영 중이야.

- I used to run a sports car club. = 난 스포츠카 동호회를 운영하곤
  했어.

- Teach me how to run a business. = 사업체 운영하는 법 좀 가르
  쳐줘.

- You can run your business from home. = 집에서도 당신의 사업을
  운영할 수 있습니다.

ignore [ɪɡnɔ́ː(r)] [익노얼]

🅓무시하다
– 🅟ignorance: 🅜무지, 무식

Mayu Says

ignore은 뭔가를 모른 척한다는 의미의 '무시하다'입니다. 남을 깔보는 말을 하는 것은 모른 척하는 무시가 아니라 모욕의 무시가 됩니다. 그럴 땐 insult(모욕하다) 혹은 look down on(~를 깔보다)을 써야 합니다.

Related Words

#recognize (알아보다) #appreciate (가치를 알아보다) #mock (조롱하다)

Example Sentences

- Janice ignored me completely. = Janice가 날 완전히 무시했어(모른 척했어).
- I didn't mean to ignore you. = 널 일부러 무시한 게(모른 척한 게) 아니야.
- Ignore what he said. = 걔가 말한 건 무시해.
- Bruce ignored the signs. = Bruce는 그 징후들을 무시했어.
- She ignored me on purpose. = 걔는 날 일부러 무시했어.

chill [tʃíl] [췰]

동 쉬다

Mayu Says
chill은 원래 뭔가를 식힌다는 뜻입니다. 몸을 식힌다는 건 쉰다는 의미가 되겠습니다. 특별히 하는 것 없이 쉬고 있다는 뜻으로 relax란 단어와 비슷합니다. '진정하라'는 뜻의 명령어로도 자주 씁니다.

Related Words
#relax (쉬다) #rest (쉬다) #hang out (놀다)

Example Sentences
- I'm just chilling. = 나 그냥 쉬고 있어.
- I was just chilling with my friends. = 나 그냥 친구들이랑 쉬고 있었어.
- Hey! Chill, man! = 야! 진정해, 맨!
- Why don't you just chill, huh? = 진정 좀 하는 게 어때, 응?
- I was chilling at home. = 나 집에서 쉬고 있었어.

mumble [mʌ́mbl] [멈블]

⑧ 웅얼거리다
– **㊊ mumbling: ⑨ 웅얼거림**

Mayu Says
혼잣말로 중얼거리거나 입을 크게 벌리지 않은 채 웅얼거리는 것을 표현합니다. mumble하는 것은 언어를 습득할 때 최악의 습관입니다. 영어를 할 때도 발음에만 신경 쓰다 웅얼거리지 마시고 큰 목소리로 명확하게 소통하시길 바랍니다.

Related Words
#stutter (말을 더듬거리다) #whisper (속삭이다) #murmur (소곤거리다)

Example Sentences
- Stop mumbling. = 그만 좀 웅얼거려.
- Mumbling is a bad habit. = 웅얼거리는 건 나쁜 습관이야.
- Stop mumbling and start talking. = 그만 웅얼거리고 말을 시작해.
- I can't hear you when you're mumbling. = 웅얼거리면 안 들려.
- Why do you keep mumbling? = 너 왜 계속 웅얼거려?

fool [fu:l] [풀]

동 속이다
– **품** fool ; **명** 멍청이

Mayu Says

fool은 누군가를 바보처럼(foolish) 만든다는 의미에서 '속이다'로 해석합니다. 가볍게 장난으로 속이는 것부터 사기를 친다는 의미까지 포함하며, 속아 넘어갔다고 할 땐 fall for something이라고 합니다.
예) I fell for his lies.

Related Words

#trick (속이다) #liar (거짓말쟁이) #fraud (사기)

Example Sentences

- You can't fool me twice. = 넌 날 두 번은 못 속여.
- I fooled you again. = 또 속였지롱.
- I was fooled again. = 나 또 속았어.
- If you fool me again, you will be sorry. = 날 또 속이면 넌 후회할 거야.
- The salesperson fooled us. = 그 판매원이 우릴 속였어.

spell [spel] [스펠]

동 스펠링을 대다
– **품** spelling: **명** 스펠링

Mayu Says

스펠링을 불러주거나 글로 써준다는 뜻이며 spell 뒤에 out을 추가하기도
합니다.

"What's the spelling?"도 좋지만 "How do you spell it?"을 더욱 많이
씁니다.

Related Words

#letter (철자) #the alphabet (알파벳) #vocabulary (어휘)

Example Sentences

- How do I spell your name? = 손님 성함 스펠링이 어떻게 되죠?
- Could you spell your name? = 이름 스펠링 좀 불러주시겠어요?
- I don't know how to spell it. = 저 그거 스펠링 쓸 줄 몰라요.
- You spelled it wrong. = 너 그거 스펠링 잘못 썼어.
- Please spell it out for me. = 그거 스펠링 좀 불러주세요.

Week 27

sink [síŋk] [씽크]

동 가라앉다
– 불 sink-sank-sunk

Mayu Says

sink를 잘못 발음하면 think가 되니 주의하세요.

p.p. 형태인 sunk를 sunken으로 쓰는 경우도 있는데, sunken은 단독으로 쓰기보다는 명사와 함께 씁니다. 예) sunken ship

Related Words

#float (뜨다) #rise (오르다) #crash (추락하다)

Example Sentences

- The ship is sinking. = 배가 가라앉고 있어.
- The submarine is sinking fast. = 그 잠수함이 빠르게 가라앉고 있어.
- The car sank into the mud. = 그 차가 진흙 안으로 가라앉았어.
- The boat didn't sink. = 그 보트는 가라앉지 않았어.
- The phone is sinking slowly. = 그 전화기가 천천히 가라앉고 있어.

DAY 184

reject [riːdʒékt] [뤼줵트]

동 거절하다
- 품 rejection: 명 거절

Mayu Says
사실을 부인한다는 의미의 deny와는 다릅니다. 주의하세요. 사람을 거절할 수도 있고, 어떤 제안을 거절할 수도 있어요. 덩어리 표현으로 쓰고 싶다면 turn something down도 좋습니다.

Related Words
#accept (받아들이다) #refuse (거부하다) #disagree (동의하지 않다)

Example Sentences
- Christina rejected me. = Christina가 날 거절했어.
- They rejected my visa application. = 그들이 내 비자 신청서를 거절했어.
- My girlfriend rejected my proposal. = 여자친구가 내 청혼을 거절했어.
- I got rejected. = 나 거절당했어.
- She turned me down. = 그녀가 날 거절했어.

invest [Invést] [인붸스트]

동 투자하다
- 품 investment : 명 투자

Mayu Says
돈만이 아니라 감정, 노력, 시간 등을 투자한다고 할 때도 사용합니다. 어디에 투자한다고 할 땐 to가 아닌 in을 추가하세요.

Related Words
#investor (투자자) #fund (자금) #stock (주식)

Example Sentences
- How much should I invest? = 제가 얼마나 투자하는 게 좋을까요?
- Don't invest too much money. = 너무 많은 돈을 투자하지는 마.
- I want to invest in stocks. = 나 주식에 투자하고 싶어.
- They decided to invest in us. = 그들은 우리에게 투자하기로 결정했어.
- Don't invest in his company. = 그의 회사에 투자하지 마.

earn [ɜːrn] [언]

동 얻다

Mayu Says
earn은 get과 마찬가지로 얻는다는 의미지만, 단순히 누가 줘서 얻는 것이 아니라 '노력해서' 얻어낸다는 느낌이 강합니다. 대표적인 케이스가 income(수입)을 버는 것입니다.

Related Words
#spend (쓰다) #waste (낭비하다) #save (모으다)

Example Sentences
· They earned a lot of money. = 걔네 돈 많이 벌었어.
· We earned $100,000 total. = 우리 총 10만 달러 벌었어.
· You earned it. = 그건 네가 노력해서 얻어낸 거야.
· The actress earned their compliments. = 그 배우는 그들의 칭찬을 얻어냈어.
· How much did you earn last year? = 당신은 작년에 얼마나 벌었나요?

weigh [wéɪ] [웨이]

동 무게가 나가다, 무게를 재다
– 품 weight : 명 무게

Mayu Says
weigh는 '무게가 나가다'와 '무게를 재다' 두 가지 의미 모두로 쓸 수 있습니다.
몸무게를 이야기할 때 "My weight is 50kg"라고 말하는 것보다 "I weigh 50kg"이라고 말하는 게 훨씬 자연스럽습니다.

Related Words
#scale (저울) #heavy (무거운) #body weight (몸무게)

Example Sentences
- My boyfriend weighs 75kg. = 내 남자친구 75kg 나가.
- How much do you weigh? = 너 무게가 얼마나 나가? → 너 몸무게 몇 kg이야?
- These wheels weigh 20 pounds each. = 이 바퀴들은 각각 20파운드가 나갑니다.
- I weighed myself. = 나 몸무게 재봤어.
- I'm afraid to weigh myself. = 나 몸무게 재기 무서워.

lose weight

[lúːz wéɪt] [루ㅡ 웨잇]

통 살 빠지다
- 불 lose-lost-lost

Mayu Says

주의할 점은 weight을 복수로 써서는 안 된다는 것입니다. weights는 '무게'가 아닌 '추'라는 뜻이기 때문이죠.

lose 대신 drop 혹은 shed를 써도 좋습니다.

Related Words

#gain weight (살찌다) #put on weight (살찌다) #obese (비만인)

Example Sentences

- I've lost some weight. = 나 살 좀 빠졌어.
- I want to lose weight. = 나 살 빼고 싶어.
- Did you lose weight? = 너 살 빠졌니?
- I'm not losing any weight. = 나 살이 안 빠져.
- She has lost 20kg. = 걔 20kg 빠졌어.

scissors [sízərz] [씨절즈]

명 가위

Mayu Says
가위는 날 두 개가 한 쌍을 이루기 때문에 복수로 쓰거나 a pair of scissors라고 씁니다. 가위의 한쪽 날만 얘기할 때는 단수로 scissor blade라고 하면 되겠습니다.

Related Words
#knife (칼) #rock paper scissors (가위바위보) #cut out (오려내다)

Example Sentences
- Where are my scissors? = 내 가위 어디 있지?
- Are these scissors yours? = 이 가위 네 거야?
- I bought a new pair of scissors. = 나 새 가위 하나 샀어.
- Cut it with scissors. = 그걸 가위로 잘라.
- These scissors are for professionals. = 이 가위는 전문가용입니다.

Week 28

beard [bírd] [비얼드]

몡 수염
- 뙁 bearded: 톙 수염이 난

Mayu Says
beard는 볼 아래부터 턱까지 연결되어 자라는 턱수염입니다. 윗입술 위
에 나는 콧수염은 mustache라고 합니다.

Related Words
#sideburns (구레나룻) #shave (면도하다) #trim (다듬다)

Example Sentences
- Please trim your beard. = 수염 좀 다듬어.
- I want to grow a beard. = 나 수염 기르고 싶어.
- He looks better without the beard. = 걔는 수염 없는 게 더 나아
  보여.
- Why are you growing a beard? = 너 왜 수염 기르는 거야?
- I used to date a man with a beard. = 나 예전에 수염 있는 남자와
  사귀었어.

DAY 191

pigeon [pídʒɪn] [피쥔]

명 비둘기

Mayu Says

비둘기는 크게 pigeon과 dove로 나뉩니다. 생물학적인 관점에서 차이가 거의 없다고는 하나, 일반적으로 pigeon은 우리가 흔히 볼 수 있는 회색, 갈색의 비둘기를 말하고, 평화를 상징하는 dove는 pigeon보다 몸집이 작은 비둘기를 말합니다.

Related Words

#sparrow (참새) #peacock (공작새) #hawk (매)

Example Sentences

- My sister hates pigeons. = 우리 언니는 비둘기를 싫어해.
- Look at all these pigeons. = 이 비둘기들 좀 봐.
- Someone hurt this pigeon. = 누군가 이 비둘기를 다치게 했어.
- The dove was flying peacefully. = 그 비둘기는 평화롭게 날고 있었어.
- Doves are a symbol of peace. = 비둘기는 평화의 상징이야.

mosquito

[məskíːtoʊ] [머스키토우]

명 모기

Mayu Says
참고로, 영어에서도 모기가 쏜다고 하지 않고 문다고 표현합니다. 그래서 mosquito는 sting(쏘다)보다는 bite(물다)와 어울리는 동사입니다.

Related Words
#mosquito bite (모기에 물린 곳) #mosquito net (모기장) #itchy (간지러운)

Example Sentences
- A mosquito bit me. = 모기가 날 물었어.
- Mosquitos are everywhere! = 모기가 여기저기 다 있어!
- I killed so many mosquitos. = 나 모기 엄청 많이 죽였어.
- Mosquitos are like vampires. = 모기는 흡혈귀 같은 거야.
- The same mosquito bit me twice. = 같은 모기가 날 두 번 물었어.

fault [fɔ́ːlt] [풔얼트]

명 잘못
– **품** false: **형** 틀린

Mayu Says
fault(잘못)와 mistake(실수)을 혼동하는 경우가 많으니 주의하세요. 엄연히 다릅니다.
형용사로 뭔가 faulty하다는 말은 결함이 있다는 뜻입니다.

Related Words
#blame (비판) #responsibility (책임) #punishment (처벌)

Example Sentences
- It's not your fault. = 그거 네 잘못 아니야.
- Are you saying it's my fault? = 그게 내 잘못이라는 거야?
- It's nobody's fault. = 그건 누구의 잘못도 아니야.
- Whose fault is it? = 그거 누구 잘못이야?
- His mistake is basically my fault. = 그의 실수는 근본적으로 내 잘못이야.

complaint

[kəmpléɪnt] [컴플레인트]

명 불평
- **품** complain : **동** 불평하다

Mayu Says

누군가 불평했다고 말할 때 외국어로 '컴플레인이 들어왔어'라고 하는 습관 때문에 complain이 명사라고 착각하는 경우가 많습니다. 명사로 쓸 때는 뒤에 t를 꼭 추가하세요!

Related Words

#compliment (칭찬) #evaluation (평가) #praise (찬사)

Example Sentences

- We got complaints. = 우리 불평을 받았어.
- That's a common complaint. = 그거 흔한 불평이야.
- The customer filed a complaint. = 그 손님이 불평을 제기했어.
  → 그 손님이 고소했어.
- They received many complaints. = 그들은 많은 불평을 받았어.
- She made a complaint. = 그녀가 불평을 했어.

yell [jel] [옐]

동 소리 지르다
- (품) yell: **명** 고함

Mayu Says
누구에게 소리 지르는지 표현할 땐 at을 추가하면 됩니다. 예) yell at me
scream은 소리만 지르는 것이고, yell은 말이 섞인 고함(화를 내는 것)을
표현할 때 많이 씁니다. 예) 잔소리

Related Words
#scream (소리 지르다) #whisper (속삭이다) #talk (이야기하다)

Example Sentences
- Why are you yelling? = 왜 소리 지르는 거야?
- Stop yelling at me. = 나한테 소리 그만 질러.
- She yelled at her husband. = 그녀는 자기 남편한테 소리 질렀어.
- You didn't have to yell. = 소리 지를 필요는 없었잖아.
- Don't yell at me like that. = 나한테 그렇게 소리 지르지 마.

worked up

[wə́:rkt ʌp] [월크트 업]

형 흥분한
- **품** work up: **동** 흥분시키다

Mayu Says
excited는 신나서 흥분한 긍정적 상태지만 worked up은 화나서 흥분한
상태입니다. 싸우고 나서 화해할 때 "I'm sorry. I was excited"라고 하면
더 싸우겠죠.

Related Words
#calm (차분한) #excited (신난) #upset (기분이 상한)

Example Sentences
- Don't be so worked up. = 그렇게 흥분하지 마.
- I'm sorry. I was worked up. = 미안해. 내가 흥분했었어.
- I was really worked up. = 나 진짜 흥분했었어.
- Amy seemed really worked up. = Amy 정말 흥분한 것 같더라.
- Jerry was worked up when I said that. = 내가 그렇게 말했을 때
  Jerry는 흥분했어.

Week 29

determined

[dɪtɜ́ːrmɪnd] [디털민드]

형 마음먹은
- 품 determination: 명 결심

Mayu Says
determine(확정하다, 판단하다)이라는 동사와 아예 다른 단어라고 생각하는 게 좋습니다.
목표를 이루기로 단단히 마음먹은 상태를 나타내는 형용사입니다.

Related Words
#motivated (동기 부여가 된) #eager (갈망하는) #passionate (열정적인)

Example Sentences
- I am determined to lose weight. = 나 살 빼기로 마음먹었어.
- Jenny is determined to learn Korean. = Jenny는 한국어를 배우기로 마음먹었어.
- He seemed very determined. = 걔 단단히 마음먹은 것 같더라.
- Are you determined to succeed? = 너 성공하기로 마음먹었니?
- Tony is determined to become a singer. = Tony는 가수가 되기로 마음먹었어.

familiar [fəmíliə(r)] [f ʌ밀리얼]

형 친숙한

Mayu Says
뭔가에 익숙하거나 친숙하다는 말은 어디서 본 적이 있거나 들은 적이 있다는 의미도 됩니다.
도대체 무엇에 친숙한지 표현하려면 with과 함께 쓰세요.

Related Words
#unfamiliar (친숙하지 않은) #familiarity (친숙함) #similar (비슷한)

Example Sentences
- I am not familiar with that name. = 그 이름 들어본 적 없는 것 같은데요.
- Are you familiar with this software? = 이 소프트웨어에 익숙하세요?
- She looks very familiar. = 걔 분명 어디서 본 것 같은데.
- Does it sound familiar to you? = 너 그거 들어본 것 같아?
- We are familiar with the song. = 우린 그 노래에 익숙해.

233

meaningless

[míːnɪŋləs] [미닝러쓰]

형 의미 없는

Mayu Says

이렇게 명사 뒤에 less가 오면 그 명사가 없다는 뜻입니다. ful이 오면 가득 차 있다는 뜻이고요. 예) hopeless (희망이 없는), sugarless (설탕이 없는), endless (끝이 없는)

Related Words

#meaning (의미) #mean (의미하다) #meaningful (의미 있는)

Example Sentences

- It's meaningless. = 의미 없다.
- Money was meaningless to the rich man. = 그 부자에게 돈은 의미가 없었어.
- His effort was meaningless. = 그의 노력은 의미가 없었어.
- There's no such thing as meaningless effort. = 의미 없는 노력이란 건 없어.
- Those are meaningless words. = 그건 의미 없는 말이야.

tough [tʌf] [터£]

형 어려운
- **품** toughness: **명** 억셈

Mayu Says
'터프가이' 할 때 그 tough 맞습니다. 하지만 단순히 다루기 어렵다는 의미로도 엄청 많이 씁니다. 일이 tough할 수도 있고, 사람이 tough할 수도 있습니다.

Related Words
#challenging (도전적인) #hard (힘든) #rough (거친)

Example Sentences
- That is a tough question. = 그것참 어려운 질문이네요.
- It was a tough exam. = 그거 어려운 시험이었어.
- I had a tough day today. = 나 오늘 어려운 날을 보냈어.
- Oliver is tough to deal with. = Oliver는 다루기 어려워.
- Hey, tough guy! = 이봐, 터프가이!

ripe [ráɪp] [롸잎]

형 익은
– **품** ripen: **동** 익다

Mayu Says
요리하던 음식이 익었다는 말이 아니라 과일이 익었다고 할 때 사용합니다. 반대로 설익었다고 할 때는 unripe이라고 쓰거나 단순하게 not ripe 이라고 쓰면 됩니다.

Related Words
#fresh (싱싱한) #rotten (썩은) #cooked (요리된)

Example Sentences
- These apples are not ripe. = 이 사과들은 안 익었어.
- This orange is fully ripe. = 이 오렌지는 완전히 익었네.
- I like ripe ones better. = 난 익은 것들이 더 좋아.
- The ripe plums tasted so good. = 그 익은 자두들 엄청 맛있었어.
- Are these tomatoes ripe? = 이 토마토들 익었어요?

fit [fɪt] [핕]

동 맞다
– 불 fit–fit–fit

Mayu Says

스타일이 맞는다는 말이 아니라 '사이즈'가 맞는다는 말입니다.
누구에게 맞는지를 쓸 때 for, to 등을 추가하지 않습니다.
예) It fits for me. (X)

Related Words

#suit (어울리다) #loose (헐렁한) #tight (꽉 끼는)

Example Sentences

- This shirt doesn't fit me. = 이 셔츠 나한테 안 맞아.
- Does it fit you? = 그게 너한테 맞아?
- This dress fits me perfectly. = 이 드레스 나한테 딱 맞아.
- I hope it fits me. = 그게 나한테 맞으면 좋겠다.
- Nothing fits me! = 나한테 맞는 게 아무것도 없어!

suit [súːt] [슛]

동 어울리다
– **품** suit · **명** 정장

Mayu Says
fit과는 달리 suit은 스타일 등이 맞는다, 즉 '어울린다'는 뜻입니다.
누구에게 어울리는지를 쓸 때 for, to 등을 추가하지 않습니다.
예) It suits for me. (X)

Related Words
#suite (스위트) #fit (사이즈가 맞다) #matching (어울리는)

Example Sentences
- I think it suits you. = 그거 너한테 어울리는 것 같아.
- I don't think that name suits me. = 그 이름 나한테 안 어울리는 것 같아.
- Do you think this color suits me? = 이 색 나한테 어울리는 것 같아?
- Your job suits you. = 네 직업 너한테 잘 어울려.
- This type of work doesn't suit him. = 이런 타입의 일은 걔한테 안 어울려.

Week 30

slap [slæp] [슬랲]

통 찰싹 때리다
– 품 slap: 명 찰싹 때리기

Mayu Says
slap은 punch(주먹으로 때리다)와는 달리 손바닥으로 찰싹 때리는 것을 말합니다.
세게 때린다고 할 때는 hard라는 부사와 함께 쓰세요.

Related Words
#kick (발로 차다) #beat (두들겨 패다) #pinch (꼬집다)

Example Sentences
- She slapped my face. = 그녀가 내 얼굴을 (찰싹) 때렸어.
- You can't slap your child! = 당신의 아이를 (찰싹) 때리면 안 되죠!
- April slapped him hard. = April이 그를 세게 (찰싹) 때렸어.
- If you do that again, I'm going to slap you. = 너 또 그러면 (찰싹) 때릴 거야.
- How could you slap my face? = 너 어떻게 내 얼굴을 (찰싹) 때릴 수 있어?

pinch [píntʃ] [핀취]

동 꼬집다
– **품** pinch : **명** 꼬집기

Mayu Says
꼬집는 행동을 pick으로 쓰는 실수가 흔한데, pick은 코나 귀 등을 '후빈다'는 뜻입니다.
give someone a pinch(~를 꼬집다)라는 덩어리 표현도 함께 알아두세요.

Related Words
#twist (뒤틀다) #hit (때리다) #push (밀다)

Example Sentences
- Stop pinching me! = 나 좀 그만 꼬집어!
- Annie pinched me first. = Annie가 절 먼저 꼬집었어요.
- Olivia pinched me and it hurt so much. = Olivia가 날 꼬집었는데 엄청 아팠어.
- I hate when she pinches me. = 난 걔가 날 꼬집는 게 너무 싫어.
- My little sister gave me a pinch. = 어린 여동생이 날 꼬집었어.

postpone

[poʊspóʊn] [포우쓰포운]

⬛️동 연기하다
– 품 postponement: 명 연기

Mayu Says
postpone에는 보통 자발적, 의도적으로 기한을 연기한다는 뉘앙스가 담겨 있습니다. 반면, delay(지연시키다)는 수동태로 많이 쓰며 통제할 수 없는 이유로 지연된다는 느낌이 강합니다.

Related Words
#put off (연기하다) #cancel (취소하다) #move up (앞당기다)

Example Sentences
- They postponed the game. = 그들이 그 경기를 연기했어.
- We had to postpone the meeting. = 우리는 그 미팅을 연기해야만 했어.
- Why did they postpone the seminar? = 그들이 왜 그 세미나를 연기했지?
- Let's postpone it until April. = 그걸 4월까지 연기합시다.
- The flight was delayed. = 그 항공편은 지연됐어.

calf [kǽf] [캐f]

뗑 종아리

Mayu Says
calf는 단수이며 복수로 쓸 때는 calves라고 써야 합니다.
특이하게도 calf는 소, 고래, 코끼리 등의 새끼라는 뜻도 있습니다.

Related Words
#leg (다리) #thigh (허벅지) #shin (정강이)

Example Sentences
- His calves are hairy. = 그의 종아리에는 털이 많아.
- I'm working on my calves. = 나 종아리 근육 만들고 있어.
- She had a calf injury. = 그녀는 종아리 부상을 겪었어.
- Chloe has slim calves. = Chloe는 종아리가 날씬해.
- He suffered from a strained calf muscle. = 그는 불편한 종아리 근육으로 고생했어.

ankle [ǽŋkl] [앵클]

명 발목

Mayu Says
팔목(wrist)은 알지만 발목을 모르는 경우가 많습니다. 반드시 암기해주세요.
참고로, 발목에 차는 발찌는 ankle bracelet 혹은 줄여서 anklet이라고 부릅니다.

Related Words
#ankle socks (발목 양말) #sprain (접질리다) #toe (발가락)

Example Sentences
- I hurt my ankle. = 나 발목 다쳤어.
- Reina sprained her ankle again. = Reina는 또 발목을 접질렸어.
- Did you break your ankle? = 너 발목 부러졌어?
- Do you have ankle socks? = 너 발목 양말 있니?
- My sister got me an anklet. = 우리 언니가 나한테 발찌 사줬어.

butt [bʌ́t] [벗]

명 엉덩이

Mayu Says
엉덩이를 나타내는 단어는 많지만 가장 무난하게 쓰이는 단어는 butt입니다(캐주얼). 더 형식적인 단어로는 buttocks, rear 등이 있고 거친 속어로는 ass 정도가 있습니다.

Related Words
#bottom (엉덩이) #behind (엉덩이) #hip (엉덩이의 옆쪽)

Example Sentences
- My butt hurts. = 엉덩이가 아파.
- I'm going to kick your butt. = 네 엉덩이를 걷어차겠어. → 본때를 보여주겠어.
- She's a pain in the butt. = 걔는 골칫거리야. *숙어
- I have a small butt. = 난 엉덩이가 작아.
- My sister kicked my butt. = 내 여동생이 내 엉덩이를 걷어찼어. → 내 여동생이 날 완전히 이겼어.

fingerprint

[fíŋgərprɪnt] [핑걸프륀트]

명 지문
- **품** fingerprint: **동** 지문을 기록하다

Mayu Says
finger(손가락)와 print(무늬)를 합친 단어입니다.
지문을 남긴다고 할 때는 동사 leave를 붙여줍니다.

Related Words
#evidence (증거) #match (일치하다) #suspect (용의자)

Example Sentences
- Someone left a fingerprint here. = 누군가 여기에 지문을 남겼어.
- These are not his fingerprints. = 이건 그의 지문이 아닙니다.
- Whose fingerprints are these? = 이건 누구 지문이지?
- They are examining the door for fingerprints. = 그들은 지문을 찾으려고 그 문을 조사 중이야.
- We all have unique fingerprints. = 우리는 모두 고유의 지문이 있어.

Week 31

fingernail

[fíŋgərneɪl] [핑걸네일]

명 손톱

Mayu Says
finger(손가락)을 빼고 nail이라고만 해도 대부분 손톱으로 이해합니다. 손톱이 아닌 발톱임을 확실히 하고 싶다면 toenail이라고 쓰세요.

Related Words
#manicure (손톱 관리) #pedicure (발톱 관리) #nail clipper (손톱 깎기)

Example Sentences
- Your fingernails are so clean. = 네 손톱 엄청 깨끗하다.
- Tony has dirty fingernails. = Tony는 손톱이 더러워.
- My fingernails are too long. = 내 손톱은 너무 길어.
- Please clean your fingernails. = 손톱 좀 깨끗이 해.
- I trimmed my fingernails. = 나 손톱 다듬었어.

fist [físt] [f́]스트]

몡 주먹

Mayu Says
주먹은 fist이지만 '가위바위보' 할 때 주먹은 rock이라고 표현합니다.
주먹을 쥔다고 할 때는 make a fist 혹은 clench a fist라고 합니다.

Related Words
#punch (주먹으로 때림) #fist fight (주먹싸움) #bare hands (맨손)

Example Sentences
- My brother punched me with his fist. = 우리 형이 주먹으로 날 때렸어.
- The little boy made a fist. = 그 어린 남자애는 주먹을 쥐었어.
- This is how to make a fist. = 주먹은 이렇게 쥐는 거야.
- I taught my son how to make a fist. = 난 우리 아들한테 주먹 쥐는 법을 가르쳐줬어.
- She held up a clenched fist. = 그녀는 꽉 쥔 주먹을 치켜들었어.

wrinkle [ríŋkl] [륑클]

명 주름
- **품** wrinkle **동** 주름지다

Mayu Says
주름을 표현하는 단어는 다양하지만 가장 무난하게 많이 쓰는 것이 wrinkle입니다.
눈가(눈 바로 옆)에 생긴 주름은 까마귀의 발 같다고 해서 crow's feet이라고도 하니 알아두세요.

Related Words
#crinkle (잔주름) #line (주름) #age spot (검버섯)

Example Sentences
- Prevent wrinkles with this cream. = 이 크림으로 주름을 예방하세요.
- I have too many wrinkles. = 나 주름이 너무 많아.
- You don't have any wrinkles! = 넌 주름이 하나도 없네!
- I see fine wrinkles. = 잔주름이 보여.
- I have more wrinkles than you. = 내가 너보다 주름이 더 많아.

niece [níːs] [니쓰]

명 조카

Mayu Says
niece는 여자 조카를 말합니다. nephew(남자 조카)는 상대적으로 잘 알고 있는 반면, niece는 모르는 분들이 많습니다. 암기 들어갑니다.

Related Words
#aunt (이모) #uncle (삼촌) #cousin (사촌)

Example Sentences
- My niece is a pharmacist. = 내 조카는 약사야.
- Is that your niece in the picture? = 사진에 있는 분이 조카인가요?
- I have a niece and a nephew. = 나 여자 조카 한 명, 남자 조카 한 명 있어.
- Who's your niece? = 누가 네 조카야?
- My son married Mary's niece. = 내 아들이 Mary의 조카랑 결혼했어.

budget [bʌ́dʒɪt] [버쥣]

명 예산
- 품 budget : 동 예산을 짜다

Mayu Says
회사의 예산을 말할 때도 쓰지만, 개인적으로 쇼핑할 때의 예산같이 캐주얼한 상황에도 어울립니다.
예산이 빠듯할 땐 be on a tight budget이라고 쓰세요.

Related Words
#expense (지출) #cost (비용) #price (가격)

Example Sentences
- What's your budget? = 예산이 어떻게 되나요?
- I'm on a tight budget. = 저 예산이 빠듯해요.
- What's your monthly budget? = 당신의 월 예산은 어떻게 되나요?
- This is our annual budget. = 이게 저희 연간 예산입니다.
- We had to reduce our budget. = 우린 예산을 줄여야만 했어.

rip-off [ríp ɔ́:f] [뤺 어f]

명 바가지
- **품** rip off: **동** 바가지 씌우다

Mayu Says
rip(뜯어내다)에서 온 이 표현은 이렇게 명사로 쓰는 경우도 많지만, rip someone off(~에게 바가지를 씌우다)처럼 동사로 쓰는 법도 알아두면 굉장히 유용합니다.

Related Words
#bargain (싸게 산 물건) #on sale (세일 중인) #fraud (사기)

Example Sentences
- That's a rip-off! = 그거 바가지네!
- Do you think it's a rip-off? = 그거 바가지인 것 같아?
- What a rip-off! = 엄청 바가지네요!
- He ripped you off! = 그가 너한테 바가지 씌웠네!
- Are you trying to rip us off? = 우리한테 바가지 씌우려는 거예요?

application

[æplɪkéɪʃn] [애플리케이션]

명 신청서
– 품 apply: 동 신청하다

Mayu Says
application은 form(양식)이라는 단어와 자주 함께 쓰입니다.
예) application form (신청 양식)
또한 컴퓨터 등의 애플리케이션이라는 의미로도 씁니다.

Related Words
#sign up (신청하다) #fill out (작성하다) #arrival card (입국 신고서)

Example Sentences
- Here's the application form. = 그 신청 양식 여기 있어요.
- Please submit your application by today. = 신청서를 오늘까지 제출해주세요.
- Where do I get the application form? = 그 신청 양식 어디서 구해요?
- Please fill out this application. = 이 신청서를 작성해주세요.
- I downloaded the online application. = 나 그 온라인 신청서 다운 로드했어.

Week 32

exhausted

[ɪgzɔ́:stɪd] [익조어스틷]

[형] 지친
- **[품]** exhaustion: **[명]** 기진맥진

Mayu Says
exhausted는 tired(피곤한)보다 피곤함의 정도가 훨씬 강합니다.
조금 더 슬랭 느낌의 단어로는 worn out(다 닳은)이 있습니다.

Related Words
#exhausting (지치게 하는) #pass out (기절하다) #energetic (활기
있는)

Example Sentences
- I'm so exhausted. = 나 엄청 지쳤어.
- She was exhausted after work. = 걔는 일 끝나고 지쳤어.
- The firefighters looked exhausted. = 그 소방관들은 지쳐 보였어.
- We are completely exhausted. = 우린 완전히 지쳤어.
- You will be exhausted soon. = 넌 곧 지칠 거야.

frustrated

[frʌ́streɪtɪd] [f.뤄스트뤠이틷]

형 낙심한
- **품** frustration: **명** 낙심

Mayu Says

frustrated는 disappointed(실망한)와는 달리, 남에 대한 실망감을 강조하는 것이 아니라 스스로 느끼는 우울함과 좌절감에 집중한 단어입니다. 뭔가로 인해 낙심해 있다면 with이란 전치사와 함께 쓰세요.

Related Words

#depressed (우울해하는) #rejected (거절당한) #satisfied (만족한)

Example Sentences

- Don't be so frustrated. = 그렇게 낙심하지 마.
- I'm not frustrated at all. = 나 조금도 안 우울해.
- I'm really frustrated with the result. = 난 그 결과로 인해 좌절했어.
- Amy gets easily frustrated. = Amy는 쉽게 낙심해.
- Why do you look so frustrated? = 너 왜 그리 낙심해 보이는 거야?

mild [máɪld] [마일드]

형 순한

Mayu Says
mild는 맛이 '순하다'는 의미도 되지만 날씨 등이 '온화하다'는 뜻도 됩니다.

맛이 강할 때는 strong, 매울 때는 spicy, 싱거울 때는 bland를 쓰세요.

Related Words
#gentle (온화한) #moderate (보통인) #severe (극심한)

Example Sentences
- It has a mild taste. = 그건 맛이 순해.
- The weather will be mild tomorrow. = 내일 날씨는 온화하겠습니다.
- We also have a mild flavor. = 저희 순한 맛도 있어요.
- Jesse has a mild personality. = Jesse는 성격이 온화해.
- We had a mild winter last year. = 작년 겨울은 온화했어.

clumsy [klʌ́mzi] [클럼z|]

형 서툰
- **품** clumsiness: **명** 서투름

Mayu Says
뭔가를 제대로 하지 못하는 어설픔을 나타냅니다.
careless/reckless(주의를 기울이지 않는)라는 단어와 비슷한 의미로 쓰
이기도 합니다. 더욱 부정적인 의미가 되는 거죠.

Related Words
#skilled (숙련된) #mistake (실수) #beginner (초보자)

Example Sentences
- He is such a clumsy driver. = 걔는 운전이 엄청 서툴러.
- That was so clumsy of me. = 제가 너무 서툴렀네요.
- What a clumsy man. = 엄청 서툰 남자구먼.
- Are you clumsy or just stupid? = 넌 서툰 거니 아니면 그냥 멍청한
  거니?
- I was clumsy at first. = 나 처음에는 서툴렀어.

cheesy [tʃíːzi] [취이지]]

형 촌스러운

Mayu Says
말, 행동, 사상이 촌스럽고 느끼할 때는 oily가 아니라 cheesy를 사용합니다. oily는 단순히 기름기가 있다는 의미이므로 부정적인 뉘앙스가 없습니다.

Related Words
#awesome (멋진!) #polished (세련된) #pick-up line (작업 멘트)

Example Sentences
- What a cheesy pick-up line. = 엄청 촌스러운 작업 멘트네요.
- Eww! That's so cheesy! = 웩! 엄청 느끼해!
- Where did you learn such a cheesy pick-up line? = 그런 촌스러운 작업 멘트는 어디서 배웠니?
- That's a cheesy love story. = 촌스러운 사랑 얘기네.
- The lyrics are so cheesy. = 가사가 엄청 느끼해.

greasy [grí:si] [그뤼씨]

형 느끼한
- **품** grease: **명** 기름

Mayu Says

greasy는 cheesy와는 달리 음식 맛이 느끼하다고 할 때 사용합니다. 기름기가 과다하다는 부정적인 느낌이 강해서 피부 상태를 말할 때 쓰기도 하죠.

Related Words

#oily (기름기 있는) #cheesy (촌스러운) #fresh (신선한)

Example Sentences

· Eww! The pasta looks so greasy. = 웩! 그 파스타 엄청 느끼해 보여.

· I don't like greasy food. = 난 느끼한 음식 안 좋아해.

· Can you make it less greasy? = 그거 덜 느끼하게 만들어줄 수 있어요?

· Why do you love greasy food? = 넌 왜 느끼한 음식을 좋아해?

· My face is all greasy. = 내 얼굴 완전 기름져.

creepy [kríːpi] [크뤼피]

형 으스스한
- **품** creep: **명** 괴상한 사람

Mayu Says

creepy는 추워서 느끼는 chilly와는 달리 괴상한 사람이나 무서운 이야기를 표현할 때 쓰는 단어입니다.

Related Words

#spooky (으스스한) #ghost (귀신) #goosebumps (소름)

Example Sentences

- I don't like creepy stories. = 나 으스스한 이야기 안 좋아해.
- That guy is so creepy. = 저 사람 엄청 이상해.
- What a creepy idea. = 엄청 으스스한 생각이군.
- A creepy man came up to me. = 괴상한 남자가 내게 다가왔어.
- Isn't it creepy? = 으스스하지 않아?

Week 33

elderly [éldərli] [엘덜리]

형 연세가 있는

Mayu Says
나이가 있다고 할 때 old를 쓰는 게 큰 무리는 아니지만, 문맥에 따라 무례할 수도 있습니다. aged도 마찬가지죠. 그럴 땐 elderly를 사용해서 존중의 느낌을 줍니다.

Related Words
#elder (나이가 더 많은) #age (나이 들다) #respect (존중)

Example Sentences
- You should respect elderly people. = 연세가 있는 분들을 존중해야지.
- We invited an elderly couple. = 우린 연세가 있는 커플을 초대했어.
- The elderly man was so sweet. = 그 연세가 있는 남성분은 엄청 스윗했어.
- The elderly woman fell. = 그 연세 있는 여성분이 넘어지셨어.
- The elderly couple thanked us. = 그 연세가 있는 커플이 우리에게 고마워하셨어.

talented [tǽləntɪd] [탤런틷]

❸ 재능 있는
- ⓟ talent·❸ 재능

Mayu Says
타고난 것과 노력해서 얻은 재능 둘 다 포함하기 때문에 gifted보다 포괄적입니다.
참고로, TV 탤런트로만 알고 있는 talent는 사실 '재능' 혹은 '재능 있는 사람'이란 뜻의 명사입니다.

Related Words
#professional (전문적인) #gifted (타고난) #skilled (숙련된)

Example Sentences
- Alison is a talented teacher. = Alison은 재능 있는 선생님이야.
- Your son is so talented! = 아드님이 정말 재능이 있네요!
- Do you think you're talented? = 네가 재능이 있다고 생각해?
- His daughter is a talented singer. = 그의 딸은 재능 있는 가수야.
- I don't think I'm talented. = 난 재능이 없는 것 같아.

sweaty [swéti] [스웨티]

형 땀에 젖은
- **품** sweat: **명** 땀

Mayu Says
땀이 난다고 할 땐 동사 sweat을 사용해서 "I'm sweating"이라고 할 수
도 있고, 형용사 sweaty를 사용해 "I'm sweaty"라고 상태를 강조해서
표현할 수도 있습니다.

Related Words
#dry (건조한) #humid (습한) #scorching (엄청 더운)

Example Sentences
- My body is all sweaty. = 몸이 온통 땀에 젖었어.
- Why are you so sweaty? = 너 왜 이리 땀에 젖은 거야?
- My hands are so sweaty. = 손이 땀에 엄청 젖었어.
- His shirt is all sweaty. = 그의 셔츠는 완전히 땀에 젖었어.
- Take off that sweaty shirt. = 그 땀에 젖은 셔츠를 벗어.

spoiled [spɔ́ɪld] [스포일드]

형 버릇이 잘못 든
– **품** spoil: **동** 망치다

Mayu Says
아이가 spoiled되었다는 말은 오냐오냐해서 버릇이 잘못 들었다는 말입니다. 성인에게도 쓸 수 있는데, 예를 들어 여자친구가 계속 봐줘서 남자친구가 자기 멋대로 구는 것도 spoiled된 것입니다.

Related Words
#brat (버릇없는 사람) #rude (무례한) #manners (매너)

Example Sentences
- I hate spoiled kids. = 난 버릇이 잘못 든 애들이 싫어.
- Kelly's son is so spoiled. = Kelly의 아들은 버릇이 엄청 잘못 들었어.
- Ally's boyfriend is totally spoiled. = Ally의 남자친구는 버릇이 완전히 잘못 들었어.
- Look at that spoiled kid. = 저 버릇 잘못 든 애 좀 봐.
- What a spoiled brat! = 버릇이 엄청 잘못 든 녀석이네!

okay [oʊkéɪ] [오우케이]

형 괜찮은

– **품** okay: **명** 허락

Mayu Says
okay는 생각과는 달리, 아주 좋다는 이미지보다는 그다지 나쁘지 않다는 느낌에 더 가깝습니다. "The movie was okay"라고 하면 그렇게 좋지도 나쁘지도 않았다는 의미가 되죠.

Related Words
#decent (나름 괜찮은) #great (아주 좋은) #not bad (나쁘지 않은)

Example Sentences
- Well, it looks okay. = 뭐, 괜찮아 보이네.
- Does this skirt look okay? = 이 치마 괜찮아 보여?
- I'm not okay. = 나 안 괜찮아.
- His new song is okay. = 그의 신곡은 그냥 괜찮아.
- He did an okay job. = 그는 그럭저럭 괜찮게 했어.

ideal [aɪdíːəl] [아이디얼]

휑 이상적인
– 품 ideally: 튀 이상적으로

Mayu Says

이 단어를 써서 이상형을 ideal type/ideal man/ideal woman이라고
합니다.

idealistic은 '이상주의적인'이라는 성향을 나타냅니다. 헷갈리지 마세요.

Related Words

#perfect (완벽한) #role model (롤 모델) #prefer (선호하다)

Example Sentences

- That's not ideal, but it's okay. = 이상적이진 않은데 괜찮아요.

- What's your ideal type? = 네 이상형은 뭐야?

- What's your ideal man? = 네 이상형인 남자는 어떤 사람이야?

- That's an ideal teaching method. = 그것참 이상적인 교수법이
  군요.

- I have found an ideal roommate. = 나 이상적인 룸메이트를 찾아
  냈어.

available

[əvéɪləbl] [어V에일러블]

형 시간이 되는
- **품** availability: **명** 유효성

Mayu Says

available하다는 말은 필요로 할 때 사용할 수 있게끔 주위에 있다는 말입니다. 사람이 available하다는 말은 필요로 할 때 만날 수 있도록 주위에 있다는 뜻이죠. 결국 '시간이 된다' 정도로 의역합니다.

Related Words

#unavailable (필요할 때 없는) #busy (바쁜) #have time (시간이 있다)

Example Sentences

- Are you available tonight? = 너 오늘 밤에 시간 돼?
- Mr. Murphy is not available at the moment. = Murphy 씨는 지금 안 계세요.
- I won't be available tomorrow. = 나 내일은 시간이 안 돼.
- I am available every Monday. = 전 매주 월요일에 시간이 돼요.
- I will be available this Friday. = 나 이번 주 금요일에 시간 될 거야.

Week 34

vague [véɪg] [v́́에익]

형 애매한

Mayu Says

말이나 행동이 애매하거나 기억이 어렴풋하다는 뜻으로 많이 씁니다. 조금 더 형식적인 단어로는 ambiguous가 있습니다.

Related Words

#unclear (불분명한) #uncertain (불확실한) #certain (확실한)

Example Sentences

- Emma gave me a vague answer. = Emma는 나한테 애매한 대답을 해줬어.
- I have a vague memory of it. = 그것에 대한 기억이 어렴풋해.
- They were vague about their decision. = 그들은 그들의 결정에 대해 애매하게 말했어.
- Sue was vague about her plan. = Sue는 자기 계획에 대해 애매하게 말했어.
- Their instructions were very vague. = 그들의 지시는 엄청 애매했어.

awkward [ɑ́:kwərd] [아쿼드]

형 어색한
- **품** awkwardness: **명** 어색함

Mayu Says
세상에서 가장 스펠링을 틀리기 쉬운 단어입니다. 주의하세요.
사람이 어색하게 군다고 할 수도 있지만 상황 자체가 어색하다고도 할 수
있습니다.

Related Words
#uncomfortable (불편한) #unnatural (부자연스러운)
#embarrassing (민망한)

Example Sentences
- It was an awkward moment. = 어색한 순간이었어.
- He was being awkward. = 걔는 어색하게 굴었어.
- Isn't this a little awkward? = 이거 좀 어색하지 않아?
- A friend of mine asked me an awkward question. = 내 친구 한 명
  이 어색한 질문을 했어.
- Don't be so awkward. = 그렇게 어색하게 굴지 마.

touched [tʌ́tʃt] [터취트]

형 감동한

Mayu Says
touched는 impressed와는 달리 감성적인 것에 의해 감동했을 때 사용합니다. 예를 들어, 러브레터를 받았거나 친구들이 생일파티를 열어줬을 때 느끼는 감정을 말합니다.

Related Words
#touching (감동적인) #moved (감동한) #amazed (놀라워하는)

Example Sentences
- She was touched. = 그녀는 감동했어.
- I was touched when I read your poem. = 너의 시를 읽었을 때 난 감동했어.
- Thank you. I am so touched. = 고마워요. 엄청 감동했어요.
- I was touched by their warm welcome. = 난 그들의 따뜻한 환영에 감동했어.
- The visitor was touched by her kindness. = 그 방문객은 그녀의 친절함에 감동했어.

impressed

[imprést] [임프뤠쓰트]

형 감명받은
- **품** impress: **동** 감명을 주다

Mayu Says
touched/moved와는 달리 감성적인 것에 의해 감동한 것이 아니라 실력, 가치, 질質 등에 의해 감명받은 것입니다. 다른 사람의 노래 실력에 감탄했거나 자수성가 스토리를 들었을 때 느끼는 감정입니다.

Related Words
#amazed (놀란) #blown away (매료된) #shocked (충격받은)

Example Sentences
- I am really impressed. = 아주 감명받았어요/감탄했어요.
- The judges were impressed. = 그 심판관들은 감명받았어.
- I was impressed by his singing skills. = 난 그의 노래 실력에 감명받았어.
- Your boss will be impressed. = 너희 상사는 감탄할 거야.
- They were impressed by my dancing skills. = 그들은 내 춤 실력에 감명받았어.

hilarious

[hɪlériəs] [힐래뤼어쓰]

혱 엄청 웃긴
– 뭄 hilarity; 몡 엄청난 유머

Mayu Says
'웃기다'는 뜻의 형용사는 몇 가지가 있는데 웃김의 강도는 funny <
hilarious < hysterical 정도로 볼 수 있습니다.
hilarious는 길다고 해서 어려운 단어가 아니라 자주 쓰이는 생활 단어입
니다.

Related Words
#funny (웃긴) #hysterical (너무 웃긴) #humorous (유머러스한)

Example Sentences
- You are hilarious, Mayu! = 너 엄청 웃겨, 마유!
- His joke was hilarious. = 그의 농담은 엄청 웃겼어.
- That is a hilarious story. = 그것참 웃긴 얘기구먼.
- She told me a hilarious joke. = 걔가 나한테 엄청 웃긴 농담을
  했어.
- I found the movie hilarious. = 난 그 영화가 엄청 웃기다고 느꼈어.

decent [díːsnt] [디쏜트]

🔲형 나름 괜찮은

Mayu Says

최고는 아니지만 그렇다고 나쁘지도 않은, 나름 만족스럽고 괜찮다는 느낌을 줍니다. 예를 들어 "I have a decent job"이라고 하면 남부럽지 않은 정도의 소득이나 직업 환경을 갖췄다는 느낌입니다.

Related Words

#terrible (형편없는) #superb (최고의) #worst (최악의)

Example Sentences

- My son has a decent job. = 내 아들은 꽤 괜찮은 직업을 가졌어.
- It looks like a decent suit. = 나름 괜찮아 보이는 정장이네.
- Jordan makes decent money. = Jordan은 나름 괜찮은 돈을 벌어.
- I want to live a decent life. = 난 나름 괜찮은 삶을 살고 싶어.
- Leo is a decent-looking guy. = Leo는 나름 괜찮게 생긴 남자야.

jokingly [dʒóʊkɪŋli] [조우킹리]

부 농담 식으로
- **품** joke: **명** 농담

Mayu Says
joke(농담)라는 단어를 함께 떠올리면 이해가 쉽습니다. 반대로 '진심으로'라고 할 땐 seriously 혹은 sincerely 등을 써주면 좋습니다.

Related Words
#half-hearted (성의 없는) #I mean it. (진심이야.) #for fun (재미 삼아)

Example Sentences
- I said it jokingly. = 나 그거 농담으로 말한 거야.
- She jokingly called me 'Mister Eugene'. = 걔는 농담 식으로 날 '미스터 유진'이라고 불렀어.
- "Marry me, then.", he said jokingly. = "그럼 나랑 결혼하자"고 그는 농담 식으로 말했어.
- Amy said something jokingly. = Amy는 뭔가를 농담 식으로 말했어.
- My grandma would jokingly call me 'Little Puppy'. = 우리 할머니는 농담 식으로 날 '어린 강아지'라 부르시곤 했지.

Week 35

in a hurry

[ɪn ə hɜ́ːri] [인 어 허뤼]

🔵 서둘러
- 🔵 hurry: 🔵 서두르다

Mayu Says
in a hurry를 알더라도 a를 빼먹고 쓰는 실수를 많이 하니 주의하세요.
in a rush(허겁지겁) 또한 비슷한 느낌의 표현입니다.

Related Words
#rush (급히 움직이다) #slowly (천천히) #relaxed (여유 있는)

Example Sentences
- She left in a hurry. = 그녀는 서둘러 떠났어.
- I packed my bags in a hurry. = 난 서둘러 짐을 쌌어.
- I had to leave my office in a hurry. = 난 서둘러 사무실을 떠나야 했어.
- She turned off the computer in a hurry. = 그녀는 서둘러 컴퓨터를 껐어.
- I'm in a hurry. = 저 급해요.

for free [fə(r) friː] [풔f 뤼]

📭 무료로

Mayu Says

free(무료인)만 쓰면 형용사가 되지만, for과 함께 쓰면 이렇게 부사가 됩니다. 부사로 쓴다고 for free 대신 freely를 쓰면 '자유롭게', '마음껏'이라는 뜻이 되므로 유의하세요.

Related Words

#at no cost (무료로) #free of charge (무료로) #throw in (덤으로 주다)

Example Sentences

- They gave me this sample for free. = 그들이 이 샘플을 무료로 줬어.
- They are giving out socks for free. = 그들은 무료로 양말을 나눠주고 있어.
- I can fix it for you for free. = 그거 무료로 고쳐드릴 수 있어요.
- I got a haircut for free. = 나 무료로 머리 잘랐어.
- Can you do that for free? = 그거 무료로 해줄 수 있어요?

all of a sudden

[ɔːl ʌv ə sʌdn] [얼 어ᵛ 어 써든]

무 갑자기

Mayu Says

suddenly와 같은 뜻이고 길이도 더 길지만 사용빈도는 오히려 높습니다. out of the nowhere(불현듯)이라는 덩어리도 함께 알아두면 최고죠.

Related Words

#unexpectedly (예상치 못하게) #surprisingly (놀랍게도) #out of the blue (뜬금없이)

Example Sentences:

- All of a sudden, he screamed. = 그가 갑자기 소리를 질렀어.
- All of a sudden, we heard a weird noise. = 우린 갑자기 이상한 소리를 들었어.
- She asked me a weird question all of a sudden. = 걔는 갑자기 나한테 이상한 질문을 했어.
- All of a sudden, the lights went out. = 갑자기 불이 나갔어.
- He started crying all of a sudden. = 걔는 갑자기 울기 시작했어.

originally

[ərídʒənəli] [어뤼줘널리]

🔵 원래는
- 🟦 original: 🟧 원래의

Mayu Says

과거 동사 혹은 was/were going to(~하려고 했다)와 같이 쓰면 최고의
궁합입니다. 예) 그거 원래 노란색이었어. / 나 원래 거기 가려고 했어.

Related Words

#actually (사실은) #initially (처음에는) #basically (근본적으로)

Example Sentences

- Its color was originally yellow. = 그거 원래 노란색이었어.
- We were originally going to get married in April. = 우리 원래는
  4월에 결혼하려고 했어.
- My name was originally Thomas. = 내 이름은 원래 Thomas였어.
- It was originally their property. = 그거 원래 걔네 소유물이었어.
- I am originally from Seoul. = 난 원래 서울 출신이야.

unwillingly

[ʌnwílɪŋli] [언윌링리]

부 마지못해
– **품** unwilling: **형** 주저하는, 꺼리는

Mayu Says

will/willingness는 의지/의향을 표현합니다. un을 추가하면 그런 의지/의향이 없다는 말이 됩니다. un을 빼고 willingly라고 쓰면, 반대로 '기꺼이'라는 의미가 됩니다.

Related Words

#hesitantly (주저하며) #reluctantly (마지못해) #voluntarily (자발적으로)

Example Sentences

- He said yes unwillingly. = 걔는 마지못해 그렇다고 했어.
- They helped us unwillingly. = 걔네는 우릴 마지못해 도와줬어.
- I participated in the activity unwillingly. = 난 그 활동에 마지못해 참여했어.
- She moved over unwillingly. = 그녀는 마지못해 비켜줬어.
- We signed the contract unwillingly. = 우린 마지못해 그 계약서에 서명했어요.

show off [ʃóu ɔ́ːf] [쑈우 어f]

동 뽐내다

Mayu Says
뽐낸다는 뜻이라고 해서 무조건 잘난 체한다는 느낌은 아닙니다. 실력을
제대로 보여준다는 의미 등으로 중립적으로도 많이 쓰입니다.

Related Words
#brag (떠벌리다) #arrogant (거만한) #skills (실력)

Example Sentences
- The dancers showed off their skills. = 그 댄서들은 그들의 실력을
  뽐냈습니다.
- Stop showing off! = 그만 뽐내!
- Show off. = 뽐내라. → 너 잘났다.
- The singer showed off her skills. = 그 가수는 자신의 실력을 뽐
  냈어.
- I want to show it off. = 나 그거 뽐내고 싶어.

notice [nóʊtɪs] [노우티쓰]

동 알아채다
- **품** notice: **명** 공지

Mayu Says

새로운 사실이나 변화를 알아챈다는 의미로, 비슷한 표현으로는 pick up on(~를 눈치채다)이 있습니다.

'티 나니?'라는 말을 하고 싶다면 "Can you notice?"라고 멋지게 써주세요.

Related Words

#tell (식별하다) #distinguish (식별하다) #recognize (알아보다)

Example Sentences

- I noticed it. = 알아챘어. → 그런 것 같더라.
- They noticed the difference. = 그들이 차이를 알아챘어.
- No one noticed it. = 아무도 그걸 못 알아챘어.
- Can you notice the difference? = 차이를 알아챌 수 있나요? → 차이가 느껴져요?
- How could you not notice it? = 어떻게 그걸 알아채지 못할 수가 있어?

Week 36

mind [máɪnd] [마인드]

🟠동 꺼리다
– 🟢품 mind : 🟢명 마음

Mayu Says

mind는 꺼리거나 신경이 쓰인다는 부정적인 느낌을 주는 단어입니다. 'Do you mind'로 시작하는 문장을 '괜찮나요'라고 의역하는 분들이 종종 있는데, 대답할 때 혼선이 생길 수 있으므로 '꺼리나요'라고 직역하는 걸 추천합니다.

Related Words

#okay (괜찮은) #picky (까다로운) #bother (신경 쓰이게 하다)

Example Sentences

- I don't mind it. = 저 그거 안 꺼려요. → 저 그거 신경 안 써요.
- Do you mind this noise? = 이 소음을 꺼리나요? → 이 소음이 신경 쓰이나요?
- I don't mind the cold. = 추운 건 안 꺼려요. → 추운 건 괜찮아요.
- If you don't mind, can I sit here? = 안 꺼리신다면, 저 여기 앉아도 되나요?
- Mind your own business. = 네 일이나 신경 써.

sob [sɑ́:b] [쌉]

동 흐느끼다
– 품 sob: 명 흐느낌

Mayu Says

운다는 표현으로 cry밖에 몰랐다면 흐느낌을 뜻하는 sob도 알아두세요. 참고로, 눈물이 빵 터진다고 표현할 땐 burst into tears를 쓰면 멋집니다.

Related Words

#tears (눈물) #sorrow (슬픔) #melancholy (슬픈)

Example Sentences

- I heard a lady sobbing. = 어느 여자분이 흐느끼는 게 들렸어.
- Mrs. Johnson was sobbing in her room. = Johnson 부인은 자기 방에서 흐느끼고 있었어.
- The patient is sobbing with pain. = 그 환자는 고통으로 흐느끼고 있어.
- David began sobbing. = David이 흐느끼기 시작했어.
- Emily was lying on the floor sobbing. = Emily는 흐느끼며 바닥에 누워 있었어.

spit [spít] [스핏]

동 침을 뱉다
- **불** spit-spat-spat

Mayu Says
'뱉어내다'라고 다소 강하게 말하고 싶다면 spit out을 써도 좋습니다.
spit은 명사로도 쓰는데, 입 밖으로 뱉어낸 침을 뜻합니다(입안에 고인 침은 spit이 아님).

Related Words
#saliva (침) #swallow (삼키다) #drool (침을 흘리다)

Example Sentences
- Don't spit on the ground. = 바닥에 침 뱉지 마요.
- Spit it out! = 그걸 뱉어 내! → 마음에 있는 그 말을 해!
- Stop spitting. = 침 좀 그만 뱉어.
- Who spat here? = 누가 여기에 침 뱉었니?
- This guy spat on your car. = 이 남자가 당신 차에 침 뱉었어요.

recognize

[rékəgnaɪz] [뤠컥나이ㅈ]

동 알아보다
- **품** recognition: **명** 인정

Mayu Says

사전에 '인지하다'라는 엄한 느낌의 뜻이 나와 있어 쓰기를 꺼리셨다면
이제부터는 이렇게 캐주얼한 말투라고 생각하고 편하게 쓰세요. 인정한
다는 의미도 됩니다.

Related Words

#realize (깨닫다) #notice (알아채다) #see (보이다)

Example Sentences

- I'm sorry. I didn't recognize you. = 미안. 못 알아봤어.

- My friends didn't recognize me. = 내 친구들이 날 못 알아봤어.

- How could you not recognize me? = 어떻게 날 못 알아볼 수 있
  어?

- I didn't recognize my own sister. = 우리 누나를 못 알아봤어.

- Do you recognize me? = 너 나 알아보겠어?

hide [háɪd] [하이드]

图 숨다, 숨기다
- 图 hide-hid-hidden

Mayu Says
물건을 숨긴다는 뜻도 되고, 진실을 숨긴다는 뜻도 됩니다.
참고로, 숨바꼭질은 숨고 찾는 게임이기 때문에 hide-and-seek이라고 합니다.

Related Words
#seek (찾다) #find (찾아내다) #shady (수상한 구석이 있는)

Example Sentences
- She's hiding something. = 걔는 뭔가를 숨기고 있어.
- Brian is hiding behind the wall. = Brian은 벽 뒤에 숨어 있어.
- Are you hiding something? = 너 뭐 숨기고 있어?
- Where are you hiding? = 너 어디 숨어 있는 거야?
- Let's play hide-and-seek. = 숨바꼭질하자.

narrow-minded

[nǽroʊ máɪndɪd] [네로우 마인딛]

형 속이 좁은

Mayu Says
narrow는 간격이 좁다는 뜻의 형용사입니다. narrow-minded와 비슷한 단어로는 small-minded 혹은 petty(옹졸한)가 있습니다.

Related Words
#open-minded (마음이 열린) #generous (관대한) #cheap (씀씀이가 짠)

Example Sentences
- My boss is so narrow-minded. = 우리 상사는 엄청 속이 좁아.
- Mr. Jackson is such a narrow-minded man. = Jackson 씨는 엄청 속이 좁은 남자야.
- Stop acting so narrow-minded! = 그만 좀 속 좁게 구세요!
- He is both narrow-minded and cocky. = 그는 속도 좁은데 시건방지기도 해.
- Do you consider yourself a narrow-minded person? = 자신을 속이 좁은 사람이라고 생각해요?

generous

[dʒénərəs] [줴너뤄쓰]

형 후한, 너그러운
- **품** generosity: **명** 관대함

Mayu Says
씀씀이가 후하거나 성격이 너그럽고 관대하다는 표현입니다. 사람도 generous할 수 있지만 행동도 generous하다고 표현할 수 있습니다.

Related Words
#considerate (배려하는) #friendly (상냥한) #narrow-minded (속이 좁은)

Example Sentences
- Your father is such a generous man. = 아버님이 엄청 후한 분이시네요.
- Thank you for such a generous donation. = 그렇게 후한 후원금을 주셔서 고맙습니다.
- Our CEO is very generous. = 우리 CEO는 엄청 너그러워.
- Mr. Coleman is not generous at all. = Coleman 씨는 조금도 너그럽지 않아.
- She gave me a generous tip. = 그녀가 내게 후한 팁을 줬어.

Week 37

side dish [sáɪd dɪʃ] [싸잍 디쉬]

명 곁들임 요리

Mayu Says
dish는 '접시'라는 뜻도 되지만 '음식'이라는 뜻도 됩니다. side dish는
돈을 내고 먹는 일종의 곁들임 요리이기 때문에 한국 식당에서 나오는
반찬과는 개념이 약간 다릅니다.
주요리는 main dish라고 하면 됩니다.

Related Words
#entrée (주요리, 주요리 앞에 나오는 요리) #special (특선) #appetizer
(전채)

Example Sentences
- This is my favorite side dish. = 이거 내가 가장 좋아하는 곁들임
  요리야.
- There are too many side dishes! = 곁들임 요리가 너무 많네요!
- Who made this side dish? = 이 곁들임 요리 누가 만들었어?
- I ordered an extra side dish. = 나 곁들임 요리 추가로 시켰어.
- I'll make a special side dish. = 특별한 곁들임 요리를 만들 거야.

chicken [tʃíkɪn] [춰킨]

 닭

Mayu Says

chicken은 셀 수 있는 단어였다가 셀 수 없는 단어였다가 합니다. '살아 있는 새'라면 셀 수 있는 단어로, '먹는 음식'이라면 셀 수 없는 단어로 취급합니다.

갑자기 미안해집니다.

Related Words

#cock (수탉) #fried (튀긴) #roasted (구운)

Example Sentences

- Mayu loves chicken. = 마유는 치킨을 사랑해.
- There are chickens in the yard. = 마당에 닭들이 있어.
- Let's have some fried chicken with beer. = 치맥 하자.
- I had some chicken for dinner. = 저녁으로 치킨 먹었어.
- Seasoned chicken is my favorite. = 양념 치킨이 내가 가장 좋아 하는 거야.

piece of cake

[píːs ʌv kéɪk] [피쓰 어ㅍ 케잌]

명 엄청 쉬운 일

Mayu Says

한국어로 '식은 죽 먹기'에 가까운 표현이 되겠습니다. 케이크 한 조각 먹는 건 쉬우니까요.

간혹 piece를 peace(평화)와 혼동하는 경우가 있으니 주의하세요.

Related Words

#easy-peasy (엄청 쉬운) #challenging (도전적인) #tough (어려운)

Example Sentences

- That's a piece of cake! = 누워서 떡 먹기지.
- I thought it would be a piece of cake. = 난 그거 엄청 쉬울 줄 알았어.
- Losing weight was a piece of cake. = 살 빼는 건 엄청 쉬웠어.
- It was no piece of cake. = 그거 식은 죽 먹기는 아니었어.
- With Mayu's help, it was a piece of cake. = 마유의 도움으로 그거 엄청 쉽게 했어.

emergency

[imɔ́ːrdʒənsi] [이멀줜씨]

명 응급 상황

Mayu Says

emergency를 일회성의 특정한 응급 상황으로 볼 때는 an과 함께 씁니다(가산 명사). '비상'이라는 추상적인 개념으로 쓸 때는 an 없이 사용해도 됩니다.

Related Words

#emergency room (응급실) #emergency exit (비상구) #alarm (경보)

Example Sentences

- This is an emergency! = 이건 응급 상황입니다!
- Use the hammer in an emergency. = 응급 상황에는 이 망치를 써.
- They declared a state of emergency. = 그들은 비상사태를 선포했다.
- We reported the emergency. = 우린 그 응급 상황을 보고했어.
- Save some money for emergencies. = 응급 상황을 위해 돈을 좀 모아둬.

copy machine

[kɑ́:pi məʃíːn] [카피 머쉰]

명 복사기

Mayu Says

간단하게는 copier이라고도 하고 photocopier이라고도 합니다.
참고로, '복사하다'라는 동사는 copy(베끼다)가 아니라 make a
copy(복사하다)를 써야 합니다.

Related Words

#fax machine (팩스 기기) #copy (사본) #print out (출력하다)

Example Sentences

- Can I use this copy machine? = 저 이 복사기 써도 돼요?

- The copy machine is broken. = 그 복사기 고장 났어.

- Where is the copy machine? = 복사기가 어디 있는데요?

- Someone is already using the copy machine. = 누가 이미 복사기
  를 쓰고 있어.

- This is the fastest copy machine. = 이게 가장 빠른 복사기예요.

warm-up [wɔ́ːrm ʌp] [웜 업]

몡 워밍업
- **풂** warm up: **통** 데우다

Mayu Says
예열하는 것을 보통 워밍업이라고 하는데, 실제로는 웜업(warm-up)이
맞는 단어입니다. 관사와 함께 쓰는 것을 잊지 마세요.

Related Words
#cool down (식히다) #preparation (준비) #get ready (준비하다)

Example Sentences
- Let's do some warm-up exercises. = 워밍업 운동을 좀 하자.
- Was that just a warm-up? = 그거 그냥 워밍업이었나요?
- Come on. This is just a warm-up. = 왜 이래. 이건 그냥 워밍업일 뿐인데.
- I did push-ups as a warm-up. = 나 워밍업으로 팔 굽혀 펴기 했어.
- Let's take a walk as a warm-up. = 워밍업으로 산책하자.

belly button

[béli bʌ́tn] [벨리 버튼]

명 배꼽

Mayu Says
belly(배)와 button(단추)이 합쳐진 재미있는 단어입니다. navel이라는 단어도 있지만 belly button이 캐주얼하게 더욱 많이 쓰입니다.

Related Words
#tummy button (배꼽) #umbilical cord (탯줄) #fetus (태아)

Example Sentences
- The baby has a cute belly button. = 그 아기는 귀여운 배꼽을 가지고 있어.
- I don't want to show you my belly button. = 너한테 내 배꼽 보여주기 싫어.
- She exposed her belly button. = 그녀는 배꼽을 드러냈어.
- Tony has a mole below his belly button. = Tony는 배꼽 밑에 점이 있어.
- My baby likes touching my belly button. = 우리 아기는 내 배꼽 만지는 걸 좋아해.

Week 38

eyebrow(s)

[áɪbraʊ] [아이브롸우]

명 눈썹

Mayu Says

발음은 '브로우'가 아니라 '브롸우'에 가까우며, 보통 양쪽을 나타내므로
복수로 사용합니다.

Related Words

#eyelids (눈꺼풀) #eyeballs (눈알) #unibrow (일자 눈썹)

Example Sentences

- Warren has thick eyebrows. = Warren은 눈썹이 짙어.
- I have no eyebrows. = 난 눈썹이 없어.
- She raised her eyebrows. = 걔는 눈썹을 치켜올렸어.
- Stop plucking your eyebrows. = 눈썹 좀 그만 뽑아.
- Let me just draw my eyebrows. = 나 눈썹만 좀 그릴게.

eyelash(es)

[áɪlæʃ] [아일래쉬]

명 속눈썹

Mayu Says

eyebrow(눈썹)와 eyelash(속눈썹)를 헷갈리지 마세요.
참고로 속눈썹을 올리는 '뷰러'는 잘못된 말이며 eyelash curler가 맞습
니다.

Related Words

#curl (말다) #eyelids (눈꺼풀) #eyelash curler (뷰러)

Example Sentences

- She has long eyelashes. = 걔는 속눈썹이 길어.
- I wish my eyelashes were long. = 내 속눈썹이 길면 좋을 텐데.
- I got eyelash extensions. = 나 속눈썹 연장했어.
- She fluttered her eyelashes at me. = 그녀가 내게 눈썹을 떨었어.
  → 그녀가 내게 추파를 던졌어.
- Try this eyelash curler. = 이 뷰러를 써봐.

knee(s) [ni:] [니]

명 무릎
- **복** kneel **동** 무릎을 꿇다

Mayu Says
get down on one's knees(무릎을 꿇다)라는 덩어리도 함께 알아두면
좋은데, 이때 knees 대신 단수로 knee를 쓰면 청혼할 때처럼 한쪽 무릎
만 꿇는 것을 말합니다.

Related Words
#elbow (팔목) #thighs (허벅지) #joint (관절)

Example Sentences
- My knees hurt. = 나 무릎 아파.
- I hurt my knee. = 나 무릎 다쳤어.
- I got down on one knee and proposed to her. = 한쪽 무릎을 꿇
  고 그녀에게 청혼했어.
- Get down on your knees! = 무릎을 꿇어라!
- I had surgery on my left knee. = 나 왼쪽 무릎에 수술받았어.

waist [wéɪst] [웨이스트]

명 허리

Mayu Says

waist를 back과 헷갈리면 안 됩니다. back을 한국어로 '허리'라고 하기도 하지만, 정확히는 허리의 뒷부분인 '등'이라고 봐야 합니다. 등이 아프면 "My waist hurts"가 아니라 "My back hurts"라고 해야겠죠?

Related Words

#chest (가슴) #stomach (배) #waistline (허리선)

Example Sentences

- Lindsay has a small waist. = Lindsay는 허리가 얇아.
- He tied a rope around my waist. = 그가 내 허리에 밧줄을 감았어.
- He wrapped his arm around my waist. = 그가 내 허리를 팔로 감쌌어.
- The skirt was too big around the waist. = 그 치마는 허리 부분이 너무 컸어.
- He was paralyzed from the waist down. = 그는 허리 아래로 마비가 됐어.

back [bǽk] [백]

명 등
- **부** back: **형** 돌아온

Mayu Says
back은 몸의 뒤쪽, 즉 '등'을 뜻합니다. 뒤쪽을 표현하는 단어로는 rear 도 있긴 한데, rear의 경우는 엉덩이를 뜻한다는 것을 알아두세요.

Related Words
#backbone (등뼈) #spine (척추) #waist (허리)

Example Sentences
- My back hurts. = 허리가 아파.
- Please massage my back. = 등 좀 마사지해줘.
- I sleep on my back. = 난 등을 대고 자. → 난 똑바로 누워서 자.
- Does your back hurt? = 너 허리 아파?
- This will support your back. = 이게 네 허리를 지지해줄 거야.

propose [prəpóʊz] [프뤄포우ㅈ]

동 청혼하다
- **품** proposal; **명** 청혼

Mayu Says
propose는 반드시 to를 덧붙여야만 누구에게 청혼하는지 나타낼 수 있습니다. 예) propose me (X)
그리고 propose는 명사가 아닙니다. 그건 proposal이죠.
propose 대신 쓸 수 있는 pop the question이란 재미있는 표현도 있습니다.

Related Words
#wedding (결혼식) #marriage (결혼 생활) #confess (고백)

Example Sentences
- I proposed to my fiancée. = 나 약혼녀한테 청혼했어.
- When did he propose to you? = 그가 너한테 언제 청혼했니?
- How did he propose? = 그가 어떻게 청혼했어?
- I am ready to propose to her. = 나 걔한테 청혼할 준비 됐어.
- He hasn't proposed to me yet. = 그이가 나한테 아직 청혼 안 했어.

309

husband and wife

[hʌ́zbənd ən wáɪf]] [허ㅈ번드 언 와이f]

명 부부

Mayu Says

husband(남편)와 wife(부인) 둘 다 셀 수 있는 명사지만, 부부라는 의미로 쓸 땐 관사를 없애고 뭉쳐서 씁니다.

Related Words

#married (결혼한) #engaged (약혼한) #newlyweds (신혼부부)

Example Sentences

- We are husband and wife. = 저희 부부예요.
- Are you two husband and wife? = 두 분은 부부인가요?
- I thought you two were husband and wife. = 전 두 분이 부부라고 생각했어요.
- I think husband and wife should never work together. = 난 부부가 같이 일하면 절대 안 된다고 생각해.
- They are not husband and wife. = 그들은 부부가 아니에요.

Week 39

groom [gru:m] [그룸]

명 신랑

Mayu Says
groom 외에 신랑이라는 뜻을 가진 단어로는 bridegroom이 있습니다. 신랑의 가장 친한 들러리는 best man이라고 하니 참고하세요.

Related Words
#bride (신부) #bridesmaid (신부 들러리) #wedding vows (혼인 서약)

Example Sentences
- That's the groom. = 저 사람이 신랑이야.
- Where's the groom? = 신랑님 어디 계시죠?
- Are you the bridegroom? = 당신이 신랑인가요?
- The groom sang for the bride. = 신랑이 신부를 위해 노래했어.
- Let's toast for the bride and the groom! = 신부와 신랑을 위해 건배합시다!

marriage [mǽrɪdʒ] [매뤼쮀]

명 결혼 생활
– 품 marry : 동 결혼하다

Mayu Says
marriage는 결혼 생활을 나타낸다는 점에서 결혼식에 집중하는 단어인 wedding과 다릅니다. 결혼 생활이 궁금한데 "How was your wedding?"이라고 하면 결혼식이 어땠냐고 물어보는 게 됩니다.

Related Words
#spouse (배우자) #wed (결혼하다) #husband and wife (부부)

Example Sentences
- Do you believe in marriage? = 넌 결혼의 가치를 믿니?
- I don't believe in marriage. = 난 결혼의 가치를 안 믿어.
- The movie begins with their marriage. = 그 영화는 그들의 결혼 생활로 시작해.
- After 20 years of marriage, he is single again. = 20년의 결혼 생활 후에 그는 다시 미혼이다.
- It seemed like a perfect marriage. = 그건 완벽한 결혼 생활 같아 보였어.

pregnant [prégnənt] [프뢕넌트]

형 임신한
- **품** pregnancy: **명** 임신

Mayu Says

pregnant 앞에 기간을 추가하여 임신 몇 주 혹은 몇 개월임을 나타낼 수도 있습니다. 예) 8 weeks pregnant(임신 8주인) / 3 months pregnant(임신 3개월인)

Related Words

#infant (신생아) #maternity leave (엄마의 육아 휴직) #paternity leave (아빠의 육아 휴직)

Example Sentences

- My sister is pregnant. = 우리 언니 임신했어.
- I didn't know you were pregnant! = 네가 임신한 줄 몰랐어!
- My daughter is 7 weeks pregnant. = 우리 딸은 임신 7주야.
- My wife is 6 months pregnant. = 제 아내는 임신 6개월이에요.
- That pregnant lady is my wife. = 저 임신한 여자분이 제 아내입니다.

infant [ínfənt] [인펀트]

 유아

Mayu Says

baby는 크게 infant와 toddler로 나뉩니다. infant는 바닥에 누워 파닥 파닥하는 나이의 영아를 말하고, toddler는 이제 막 걷기 시작하는 나이 의 유아를 말합니다("타들럴"에 가깝게 발음).

Related Words

#infancy (유아기) #diaper (기저귀) #crawl (기다)

Example Sentences

- I have a 5-month-old infant. = 전 5개월 된 유아가 있어요.
- I need socks for a 3-month-old infant. = 3개월 된 유아용 양말이 필요해요.
- Thankfully, the infant survived. = 다행히도 그 유아는 생존했습니다.
- The nurses took good care of the infant. = 그 간호사들이 그 유 아를 잘 돌봤다.
- The police officer rescued the infant. = 그 경찰관이 그 유아를 구출했어.

315

diaper [dáiəpər] [다이어펄]

명 기저귀

Mayu Says
북미권에서는 diaper을 많이 쓰지만 영국권에서는 nappy라고도 합니다.
'기저귀를 간다'고 말할 땐 옷을 갈아입을 때처럼 change라는 동사와
함께 씁니다.

Related Words
#diaper rash (기저귀 발진!) #infant (유아) #nanny (유모)

Example Sentences
- Diapers are not cheap. = 기저귀는 싸지 않아.
- Is your baby wearing a diaper? = 아기가 기저귀를 차고 있나요?
- I already changed his diaper. = 아기 기저귀 벌써 갈아줬어.
- Don't forget to change her diaper. = 아기 기저귀 가는 거 잊지
  말아요.
- My little girl has diaper rash. = 내 어린 딸이 기저귀 발진이 생겼어.

stroller [stróulə(r)] [스트뤄울럴]

명 유모차

Mayu Says
stroll은 동사로 '거닐다', '산책하다'라는 뜻입니다. 북미에서는 보통 stroller를 쓰고 영국권에서는 pushchair, pram, buggy 등을 씁니다.

Related Words
#infant (신생아) #feed (먹이다) #diaper (기저귀)

Example Sentences
- There's a baby in the stroller. = 유모차에 아기가 타고 있어.
- Some strollers are overly expensive. = 어떤 유모차들은 과도하게 비싸.
- This stroller is too weak. = 이 유모차 너무 약해.
- My baby is sleeping in the stroller. = 우리 아기 유모차에서 자고 있어.
- Take the baby out of the stroller. = 유모차에서 아기를 꺼내.

mother-in-law

[mʌ́ðə(r) ɪn lɔː]] [마ᄲ멀 인 로어]

명 장모

Mayu Says

직역하면 '법적으로 어머니'가 됩니다. 정이 좀 덜 느껴지지만, 이런 단어는 한국어보다 영어가 훨씬 쉽죠. 자신과의 관계만 mother 자리에 넣어주면 응용이 되니까요. 예) son-in-law (사위)

Related Words

#father-in-law (장인) #sister-in-law (형수) #daughter-in-law (며느리)

Example Sentences

- My mother-in-law is a professor. = 우리 장모님은 교수님이야.

- Is this your mother-in-law? = 이분이 너희 장모님이야?

- Amy's mother-in-law is so nice. = Amy네 시어머니 엄청 좋으셔.

- How's old your mother-in-law? = 너희 시어머니는 연세가 어떻게 되셔?

- My father-in-law is a dentist. = 우리 시아버지는 치과의사야.

Week 40

sneak [sníːk] [스닉]

동 살금살금 움직이다
- 불 sneak-sneaked-sneaked
  sneak-snuck-snuck

Mayu Says
sneak은 어떤 전치사와 함께 쓰는지에 따라 너무나 다양한 뜻이 될 수 있지만(예문 참조), 가장 기본적인 뜻은 '살금살금/몰래 움직이다'입니다.

Related Words
#stomp (쿵쿵거리며 걷다) #crawl (기어가다) #secretly (몰래)

Example Sentences
- I sneaked out. = 나 몰래 빠져나왔어.
- They sneaked into the room. = 걔네는 몰래 그 방에 들어갔어.
- Someone snuck into my car. = 누군가 몰래 내 차에 들어왔어.
- I saw my son sneaking into his room. = 난 내 아들이 자기 방에 슬금슬금 들어가는 걸 봤어.
- The burglar snuck in. = 그 강도가 몰래 들어갔어.

lie down [laɪ daʊn] [라이 다운]

통 드러눕다
– 불 lie-lay-lain

Mayu Says
lie의 3단 변화는 원어민들도 틀립니다(정답: lie-lay-lain). 그 이유는 lay 라는 동사가 있는데 '눕다'가 아니라 '눕히다'라는 뜻이며, 3단 변화가 lay-laid-laid이기 때문입니다. 틀릴 만하네요.

Related Words
#lay down (눕히다) #get up (일어서다) #lie (거짓말하다)

Example Sentences
- Lie down. = 드러누워.
- Why don't you lie down here? = 여기 드러눕는 게 어떠니?
- Trisha lay down on the floor. = Trisha는 바닥에 드러누웠어.
- I was lying down on the sofa. = 나 그 소파 위에 드러누워 있었어.
- I lay down and took a nap. = 나 드러누워서 낮잠 잤어.

rush [rʌʃ] [러쉬]

동 서두르다
- **품** rush: **명** 서두름

Mayu Says
rush는 hurry와 마찬가지로 서두르는 동작을 표현하는데, 어디로 가는지 나타내려면 'rush to 장소'로 써주면 됩니다. 'in a rush(서둘러)'라는 표현도 알아두세요.

Related Words
#dash (서둘러 가다) #rush hour (러시아워) #take off (급하게 떠나다)

Example Sentences
- You don't have to rush. = 서두를 필요 없어.
- They rushed to the hospital. = 그들은 서둘러 병원에 갔어.
- I had to rush to the airport. = 나 서둘러 공항에 가야만 했어.
- Don't rush. Take your time. = 서두르지 마. 천천히 해.
- He went outside in a rush. = 걔는 서둘러 밖으로 나갔어.

snore [snɔ:(r)] [스노얼]

동 코를 골다
- (품) snore: **명** 코를 고는 소리

Mayu Says
snore을 명사로 쓸 때는 보통 복수로 씁니다.
참고로 이를 가는 것을 표현할 땐 grind one's teeth라고 하면 됩니다.

Related Words
#sleepwalk (자면서 걷다) #nap (낮잠) #nightmare (악몽)

Example Sentences
- My husband snores so loudly. = 우리 남편은 코를 엄청 크게 골아.
- My brother was snoring like a pig. = 우리 형은 돼지처럼 코를 골 았어.
- You know you snore, right? = 너 코 고는 거 알지?
- I can't live with someone who snores. = 나 코 고는 사람이랑은 못 살아.
- Lia's snores woke me up. = 난 Lia가 코 고는 소리에 깼어.

fill out [fɪl aʊt] [필 아웃]

통 작성하다

Mayu Says
신청서 등의 빈칸을 채우는(fill) 것(fill out)이므로 '작성하다'라는 뜻이 됩니다. 일반적으로 fill out something이라고 쓰지만 something이 대명사일 경우엔 무조건 가운데 씁니다.

Related Words
#form (양식) #sign up (신청하다) #submit (제출하다)

Example Sentences
- Please fill out this form. = 이 양식을 작성해주세요.
- Did you fill it out? = 너 그거 작성했어?
- You have to fill out this landing card. = 이 입국 신고서 작성하셔야 해요.
- Don't fill it out yet. = 그거 아직 작성하지 마.
- Please help me fill this out. = 이거 작성하는 것 좀 도와주세요.

fold [fóʊld] [포울드]

동 옷을 개다

Mayu Says

fold는 기본적으로 뭔가를 '접는다'는 뜻의 동사입니다. 의역하여 옷을 갠다고 해석하죠. 강조하기 위해 fold up이라고 쓰는 경우도 종종 있습니다.

Related Words

#unfold (펼치다) #laundry (빨래) #iron (다림질하다)

Example Sentences

- Fold these shirts. = 이 셔츠들 좀 개요.
- I am too lazy to fold my clothes. = 옷 개기 너무 귀찮아.
- I'll teach you how to fold clothes. = 내가 옷 개는 법 가르쳐줄게.
- My husband hates folding his shirts. = 우리 남편은 자기 셔츠들 개는 거 엄청 싫어해.
- I can fold it in 5 seconds. = 나 그거 5초 만에 갤 수 있어.

hang [hæŋ] [행]

동 걸다
- **불 hang-hung-hung**

Mayu Says
hang을 '걸다'라는 의미로 쓸 때는 과거 형태와 p.p. 형태를 hung이라
고 씁니다. hanged라고 쓰는 건 '목을 매달다'라는 뜻일 때만 가능합
니다.

Related Words
#hanger (옷걸이) #wall (벽) #hook (고리 모양의 걸이)

Example Sentences
- Hang the picture frame on the wall. = 그 액자를 벽에 걸어.
- Hang your jacket on the hook. = 네 재킷 그 고리에 걸어.
- I hung the towel on the hook. = 난 그 수건을 고리에 걸었어.
- We hung our pictures on the wall. = 우리 사진을 벽에 걸었어.
- I hung it on the doorknob. = 나 그거 문손잡이에 걸었어.

Week 41

dump [dʌ́mp] [덤프]

동 버리다
– 품 dumping: 명 폐기

Mayu Says
남녀 관계에서 연인을 차버린다고 표현할 때 절대 kick을 쓰면 안 됩니다. 그건 정말 발로 차는 걸 의미하기 때문에 버린다는 표현을 쓰는 게 맞습니다. 고로, dump.

Related Words
#break-up (헤어짐) #cheat (바람피우다) #garbage (쓰레기)

Example Sentences
• My girlfriend just dumped me. = 내 여자친구가 방금 날 찼어.
• I got dumped last night. = 나 어젯밤에 차였어.
• I knew she would dump you. = 난 걔가 널 찰 줄 알았어.
• Do not dump your trash here. = 여기에 쓰레기를 버리지 마세요.
• How could he dump you? = 그가 어떻게 널 찰 수가 있지?

split up [splɪt ʌp] [스플릿 업]

동 헤어지다
– 불 split-split-split

Mayu Says
split up은 break up(헤어지다)과는 달리 어느 정도 진지한 관계였을 때 씁니다(이혼, 파혼, 성인 사이에서의 결별 등). 어린 연인이 쓰기에는 좀 어색한 감이 있어요.

Related Words
#argue (말싸움하다) #make up (화해하다) #misunderstanding (오해)

Example Sentences
- Ryan and his fiancée split up. = Ryan이랑 그의 약혼녀는 헤어졌어.
- We have decided to split up. = 우리 헤어지기로 했어.
- Why did you guys split up? = 너희 왜 헤어진 거니?
- The couple eventually split up. = 그 커플 결국엔 헤어졌어.
- I split up with my longtime girlfriend. = 나 오래된 여자친구랑 헤어졌어.

make up [méɪk ʌp] [메익 업]

동 화해하다, 지어내다

Mayu Says
누구와 화해했는지 표현하려면 with과 함께 써줍니다.
그 밖에도 make up은 말을 지어낸다는 의미도 됩니다.

Related Words
#apologize (사과하다) #friendship (우정) #argument (말싸움)

Example Sentences
- Did you guys make up? = 너희 화해했어?
- I made up with my sister. = 나 우리 언니랑 화해했어.
- We haven't made up yet. = 우리 아직 화해 안 했어.
- I want you two to make up. = 난 너희 둘이 화해하길 원해.
- Did you make up with your buddy? = 네 친구랑 화해했어?

turn on [tɜ́:rn ɑ́:n] [턴 오언]

동 켜다

Mayu Says
스위치 등을 돌려서(turn) + 켜는(on) 것입니다. 비슷한 표현으로는 switch on이 있습니다.
볼륨 등을 키우는 것은 turn up이라고 해주면 되겠습니다. 예) turn up the volume

Related Words
#turn off (끄다) #electronics (전자제품) #appliance (가전제품)

Example Sentences
- Turn on the TV. = TV를 켜.
- I just turned on my computer. = 나 방금 내 컴퓨터 켰어.
- Please turn on the lights. = 불을 켜주세요.
- Could you turn it on? = 그거 좀 켜줄 수 있을까요?
- How do I turn this on? = 이거 어떻게 켜요?

boil [bɔ́ɪl] [보일]

동 끓다, 끓이다

Mayu Says

목적어 없이 쓰면 '끓다', 목적어가 있으면 '끓이다'가 되겠습니다. '삶다' 라고 의역해도 좋습니다. 참고로 '끓는점'은 boiling point라고 합니다.

Related Words

#fry (튀기다) #grill (석쇠에 굽다) #stir-fry (볶다)

Example Sentences

- The water is boiling. = 물 끓고 있어.
- The oil is not boiling yet. = 기름이 아직 안 끓고 있어.
- I boiled some eggs. = 내가 계란 좀 삶았어.
- Boil the chicken for 10 minutes. = 그 닭을 10분간 삶아.
- I love boiled vegetables. = 나 삶은 채소 엄청 좋아해.

admit [ədmít] [얻밋]

동 인정하다
– **품** admission : **명** 시인

Mayu Says
~을 인정한다고 할 때는 'admit 명사'를 쓰고, 어떤 행동에 대해 인정한다고 할 때는 'admit to v+ing'의 형식으로 쓰는 걸 추천합니다.
강세가 뒤에 있어서 청취할 때 놓치기 굉장히 쉽습니다. 낭독 연습도 많이 해주세요.

Related Words
#deny (부인하다) #accept (받아들이다) #confess (고백하다)

Example Sentences
- Just admit it. = 그냥 인정해.
- He refused to admit it. = 그는 그걸 인정하길 거부했어.
- Did he admit it or deny it? = 그가 그걸 인정했니 아니면 부인했니?
- She admitted to stealing the ring. = 그녀가 그 반지를 훔친 것에 대해 인정했어.
- He wouldn't admit it. = 그는 그걸 인정하려 하지 않았어.

blame [bleɪm] [블레임]

동 탓하다
- **품** blame: **명** 책임, 탓

Mayu Says
'비난하다'처럼 강한 느낌으로만 받아들일 필요는 없습니다. '탓하다' 정도로 생각하시면 돼요.
'blame someone for something(뭔가에 대해 누구를 탓하다)'도 알아두세요.

Related Words
#criticize (비난하다) #wrongdoing (잘못) #mistake (실수)

Example Sentences
- Don't blame me! = 날 탓하지 마!
- Are you guys blaming me? = 너희 날 탓하고 있는 거야?
- Why do you blame us? = 왜 우릴 탓해?
- They blamed Jake for the accident. = 그들은 그 사고에 대해 Jake를 탓했어.
- She blamed me for the problem. = 걔는 그 문제에 대해 날 탓했어.

Week 42

work [wɜ:rk] [월크]

동 작동하다, 효과가 있다

Mayu Says

work는 '일하다'라는 뜻 외에, 기계 등이 작동하거나 계획이나 약이 효
과가 있다는 뜻으로도 엄청 많이 쓰입니다. 한국어로 '되다' 정도의 의미
로 이해하면 좋습니다.

Related Words

#break (고장 나다) #effective (효과가 좋은) #operate (작동하다)

Example Sentences

- It's working! = 효과가 있어!
- Does it really work? = 그게 진짜 돼요?
- Our plan is working. = 우리 계획이 효과가 있군.
- My camera isn't working. = 내 카메라가 작동을 안 해.
- I hope it works. = 그게 되면 좋겠는데.

throw in [θroʊ ɪn] [th로우 인]

동 덤으로 주다
– 불 throw-threw-thrown

Mayu Says
이미 무료라는 의미가 들어 있기 때문에 'for free(무료로)'라는 표현을
굳이 추가하지 않아도 됩니다. 이제 '샘플 좀 챙겨주세요'란 말, 할 수 있
겠죠?

Related Words
#free (무료인) #bargain (싸게 산 물건) #steal (싸게 산 물건)

Example Sentences
- I'll throw in some samples. = 샘플 좀 챙겨드릴게요.
- She threw in extra towels. = 그분이 수건 몇 개 더 덤으로 줬어.
- The salesman threw this in for me. = 그 판매원이 이걸 덤으로
  줬어.
- Let me throw in a pair of socks. = 양말 한 켤레 덤으로 드릴게요.
- He threw in this mouse for me. = 그가 이 마우스를 챙겨줬어.

tear [tér] [테얼]

통 찢다
- 불 tear-tore-torn

Mayu Says
스펠링은 '눈물'이라는 뜻의 tear과 같지만 발음이 다르니 유의하세요.
*"티얼"이 아님!
tear에 apart를 추가하면 강조가 되면서 '갈기갈기' 찢는다는 느낌이 됩니다.

Related Words
#rip (뜯다) #cut (자르다) #break (부수다)

Example Sentences
- Tear here. = 이 부분을 찢으세요.
- My baby tore his shirt. = 우리 아기가 자기 셔츠를 찢었어.
- Alisha fell and tore her pants. = Alisha가 넘어지면서 바지가 찢어졌어.
- She tore me apart. = 그녀는 나를(내 마음을) 갈기갈기 찢었어.
- My dog tore the doll apart. = 우리 개가 그 인형을 갈기갈기 찢었어.

spill [spɪl] [스필]

동 흘리다
– 불 spill-spilt-spilt

Mayu Says
과거형과 p.p.형으로 spilt 대신 spilled를 써도 괜찮습니다.
spilt를 사용한 'cry over spilt milk(이미 벌어진 일을 두고 한탄하다)'라
는 표현도 알아두세요.

Related Words
#pour (붓다) #stain (얼룩) #messy (지저분한)

Example Sentences
· I almost spilt my coffee. = 나 내 커피 흘릴 뻔했어.

· My baby spilled the milk everywhere. = 우리 아기가 우유를 여기
저기에 흘렸어요.

· Be careful not to spill it. = 그거 안 흘리게 조심해.

· She spilled the ink on her dress. = 걔는 자기 드레스에 그 잉크를
흘렸어.

· Don't cry over spilt milk. = 이미 벌어진 일을 두고 한탄하지 마.

shrink [ʃríŋk] [슈륑크]

⑤ 줄어들다, 오그라들다
- **뱐 shrink-shrank-shrunk**

Mayu Says
옷 등의 크기가 줄어듦을 표현합니다. 과거형을 shrank 대신 shrunk로 쓰기도 합니다.
목적어와 함께 쓰면, 그걸 오그라들게 만든다는 뜻이 됩니다.

Related Words
#stretch (늘어나다) #loosen (헐거워지다) #tight (꽉 조이는)

Example Sentences
- Oh, darn. My sweater shrank. = 오, 이런. 내 스웨터가 줄어들었어.
- Your shirt might shrink. = 네 셔츠 줄어들지도 몰라.
- My new dress shrank in the washer. = 내 새 드레스가 세탁기에서 줄어들었어.
- The cardigan is going to shrink if you machine-wash it. = 그 카디건 세탁기로 빨면 줄어들 거예요.
- Does this shrink easily? = 이거 쉽게 오그라드나요?

tip [típ] [팁]

동 ~에게 팁을 주다
- **품** tip: **명** 조언, 정보

Mayu Says

tip을 동사로 쓰면 이미 '~에게'란 뜻이 포함되어 있습니다. 그러니 'tip to someone'이라고 쓰면 안 되겠죠? 예) Tip to him. (X)

Related Words

#gratuity (팁, 봉사료) #bill (청구서) #change (거스름돈)

Example Sentences

- I want to tip the waiter. = 나 그 웨이터한테 팁 주고 싶어.
- Did you tip him? = 너 그 남자한테 팁 줬어?
- How much should we tip her? = 그 여자분한테 팁 얼마 줘야 할까?
- I don't want to tip the waitress. = 나 그 웨이트리스한테 팁 주기 싫어.
- They didn't even tip me. = 그들은 나한테 팁도 안 줬어.

accept [əksépt] [억쎕트]

용 받아들이다
– 퓸 acceptance : 명 받아들임

Mayu Says
강세가 e에 많이 가면서 앞부분이 "억"보다는 조금 더 무너진 "윽"/"익"
처럼 발음됩니다.
조언이나 제안 등을 받아들일 때 take 대신 사용할 수 있습니다.

Related Words
#take (받아들이다) #reject (거절하다) #turn down (거절하다)

Example Sentences
- Do you accept US dollars? = 미국 달러 받으세요?
- Would you accept my offer? = 제 제안을 받아들이시겠나요?
- They accepted the deal. = 그들이 그 딜을 받아들였어.
- I can't accept this money. = 저 이 돈 못 받아요.
- Did you accept his proposal? = 그의 청혼을 받아들였니?

Week 43

replace [rɪpléɪs] [뤼플레이쓰]

동 대체하다
- 품 replacement: 명 대체

Mayu Says

replace는 re(다시)와 place(놓다, 배치하다)가 합쳐진 단어입니다. 'replace A with B'라고 쓰면 'A를 B로 대체하다/교체하다'라는 뜻입니다.

Related Words

#substitute (대체하다) #exchange (교환하다) #remove (제거하다)

Example Sentences

- You need to replace your tires. = 너 타이어 교체해야 해.
- We replaced the window. = 우리 그 유리 교체했어.
- When did you replace the filter? = 그 필터 언제 교체하셨어요?
- Replace milk with water. = 우유를 물로 대체하세요.
- I replaced the old filter with a new one. = 나 그 오래된 필터 새것으로 교체했어.

stir [stɜː(r)] [스털]

동 휘젓다

Mayu Says

커피를 사랑하는 사람은 무조건 알아야 하는 단어. stir은 beat, whip, whisk 등과는 달리 세게 젓는 것이 아니라 살살 휘젓는 느낌을 줍니다.

Related Words

#beat (세게 휘젓다) #whisk (세게 휘젓다) #recipe (조리법)

Example Sentences

- The gentleman stirred his coffee. = 그 남자분은 자신의 커피를 휘저었습니다.
- Stir it before you eat it. = 먹기 전에 그걸 휘저어.
- Please stir the soup for 10 seconds. = 수프를 10초간 휘저으세요.
- She stirred the hot milk. = 그녀는 그 뜨거운 우유를 휘저었어.
- Stir it until it becomes creamy. = 크림처럼 될 때까지 그걸 휘저어.

pray [preɪ] [프뤠이]

동 기도하다
- 품 prayer; 명 기도문

Mayu Says

pray는 실제로 기도한다는 의미도 되지만 단순히 뭔가를 기원한다는 뜻도 됩니다.

prey(사냥감) 혹은 play(놀다)와 스펠링, 발음을 혼동하지 마세요.

Related Words

#wish (기원하다) #hope (바라다) #meditate (명상하다)

Example Sentences

- I'll pray for you. = 널 위해 기도할게.
- Let's pray. = 기도합시다.
- I prayed for your family. = 당신의 가족을 위해 기도했어요.
- It's time to pray. = 기도할 시간이야.
- I pray that she loves me. = 그녀가 날 사랑하길 기원해.

disappointed

[dɪsəpɔ́ɪntɪd] [디써포인틷]

형 실망한
- **품** disappoint: **동** 실망시키다

Mayu Says
사람이나 그 외의 것에 실망했다고 할 때 with, in 등과 함께 쓰는데, with은 물건이나 어떤 결과에 대해 실망했다고 할 때 많이 쓰고, in은 본질에 대한 깊은 실망감을 나타낼 때 많이 씁니다. 특히 사람에게 말이죠.

Related Words
#let down (실망시키다) #frustrated (낙심한) #satisfied (만족한)

Example Sentences
- Are you disappointed? = 너 실망했어?
- I'm so disappointed in you. = 나 너한테 실망이야.
- I was disappointed with the result. = 나 그 결과에 실망했어.
- We were both disappointed with the toaster. = 우리 둘 다 그 토스터에 실망했어.
- My parents are disappointed in my brother. = 우리 부모님은 우리 형한테 실망하셨어.

forgetful [fərgétfl] [f을겟풀]

형 잘 잊어버리는

Mayu Says
forget(잊어버리다)과 full(가득 찬)이 합쳐진 단어입니다.
반대로 기억력이 좋다고 할 땐 'have a good memory'를 쓰면 됩니다.

Related Words
#forgettable (쉽게 잊히는) #memorable (기억할 만한) #memory
(기억력)

Example Sentences
- I'm getting so forgetful these days. = 나 요즘 잘 잊어버려.
- Why are you so forgetful? = 너 왜 그리 잘 잊어버리니?
- My aunt has become very forgetful lately. = 우리 이모는 최근에
  잘 잊어버리셔.
- My grandma is a bit forgetful. = 우리 할머니는 좀 잘 잊어버리셔.
- He is very forgetful for his age. = 걔는 자기 나이에 비해 너무 잘
  잊어버려.

single [síŋgl] [싱글]

廖 미혼인
- 복 singles: 廖 미혼인 사람들

Mayu Says
single은 문맥에 따라 미혼이란 뜻도 되고 애인이 없다는 뜻도 됩니다.
형용사로만 쓰며 명사로 쓰려면 복수(singles)로만 쓸 수 있습니다.

Related Words
#married (결혼한) #taken (임자가 있는) #in a relationship (연애 중
인)

Example Sentences
- Are you single? = 너 애인 없어?
- He's been single for the last 40 years. = 걔는 지난 40년간 애인
  이 없었어.
- I can't believe you are single! = 당신이 미혼이라는 걸 믿을 수가
  없네요!
- I'm single again. = 나 다시 싱글이야.
- There were many singles at the party. = 파티에 애인 없는 사람
  들이 많았어.

bitter [bítə(r)] [비털]

혱 맛이 쓴
– **뭠** bitterness: **몡** 씁쓸함

Mayu Says
음식이 쓰다고 할 때도 쓰지만 감정이 씁쓸하다고 할 때도 씁니다.
가루약처럼 실제로 쓴맛이 아니라 맛이 진하다고 할 때는 strong을 쓰
는 걸 추천합니다.

Related Words
#sweet (달콤한) #sour (시큼한) #bland (싱거운)

Example Sentences
- It tasted so bitter. = 그거 엄청 썼어.
- It has a bitter taste to it. = 그거 맛이 써.
- I felt bitter when she said that. = 걔가 그렇게 말했을 때 씁쓸했어.
- She shed bitter tears. = 그녀는 씁쓸한 눈물을 흘렸어.
- Why does good medicine always taste bitter? = 왜 좋은 약은
  항상 쓰지?

Week 44

convenient

[kənvíːniənt] [컨v l니언트]

형 편리한
- **품** convenience: **명** 편리함

Mayu Says
convenient(편리한)를 comfortable(편안한)과 혼동하지 마세요. 한국 어로 "이 시스템 엄청 편하네"라고 할 때 '편하네'는 '편리하네'이지 '편 안하네'가 아닙니다.

Related Words
#inconvenient (편리하지 않은) #useful (유용한) #helpful (도움이 되 는)

Example Sentences
- This system is so convenient. = 이 시스템 엄청 편리하네.
- That's a convenient way. = 그건 편리한 방법입니다.
- Online shopping is much more convenient. = 온라인 쇼핑이 훨 씬 더 편리해.
- It wasn't convenient at all. = 그거 조금도 편리하지 않았어.
- How convenient! = 엄청 편리하네요!

convenience store

[kənvíːniəns stɔː(r)] [컨V l니언쓰 스토얼]

명 편의점

Mayu Says

convenient store이라고 잘못 쓰기 쉬우니 유의하세요. convenient는 '편리한'이라는 형용사이고 convenience는 '편의'라는 명사입니다.

Related Words

#big-box retailer (대형 할인점) #department store (백화점) #cashier (계산대 점원)

Example Sentences

- Did you find a convenience store? = 편의점 찾아냈어?
- Where's the nearest convenience store around here? = 이 근방에 가장 가까운 편의점이 어디죠?
- Becky owns a convenience store. = Becky는 편의점을 가지고 있어.
- I want to open up a convenience store. = 나 편의점 열고 싶어.
- There are so many convenience stores in Seoul. = 서울엔 편의점이 엄청 많아.

common [kάːmən] [카먼]

형 흔한
– **품** commonly: **부** 흔히

Mayu Says

common을 발음할 때 첫 o에 강세를 주지 않으면 'Come on!'처럼 들릴 수 있으니 유의하세요.

common sense가 '상식'으로 해석되는 이유는 '흔한 센스'가 의역되어서입니다.

Related Words

#uncommon (흔치 않은) #rare (드문) #everyday (일상적인)

Example Sentences

- It's quite common. = 그거 꽤 흔해.
- I have a common Korean name. = 내 한국 이름 흔해.
- Is that common in Canada? = 그거 캐나다에서 흔히 벌어져요?
- Come on! That's common sense! = 왜 이래! 그거 상식이잖아!
- I don't want a common name. = 난 흔한 이름은 싫어.

corny [kɔ́ːrni] [콜니]

형 촌스러운, 진부한

Mayu Says
말이나 생각 등이 촌스럽고 진부하고 느끼할 때 사용합니다.
반대로 세련되다고 할 땐 polished, stylish 같은 형용사를 사용하면 됩니다.

Related Words
#old-fashioned (구식인) #cliché (진부한 말) #lame (형편없는)

Example Sentences
- I'm sorry. That was corny. = 미안. 그거 좀 촌스러웠네.
- The lyrics are so corny. = 가사가 엄청 촌스러워.
- It may sound corny, but you are an angel. = 촌스럽게 들릴 수도 있는데, 넌 천사야.
- What a corny story. = 엄청 진부한 얘기네.
- The storyline is so corny. = 줄거리가 엄청 촌스러워.

friendly [fréndli] [f뤤들리]

🔖친근한, 상냥한
- 🔖friendliness: 🔖친절

Mayu Says
friendly는 friend(친구)라는 단어에서 알 수 있듯이 태도가 친근하고 상냥하다는 말입니다. 종종 close(친한)와 혼동하는 경우가 있으니 주의하세요.

Related Words
#rude (무례한) #welcoming (반겨주는) #hostile (적대적인)

Example Sentences
- The employees were so friendly. = 직원들이 엄청 상냥했어.
- His wife has a friendly personality. = 그의 아내는 성격이 친근해.
- Her secretary was far from being friendly. = 그녀의 비서는 상냥한 거랑은 거리가 멀었어.
- The waiter was very friendly to us. = 그 웨이터 우리한테 엄청 상냥했어.
- Can you be more friendly? = 더 상냥할 수는 없나요?

cheap [tʃíːp] [취입]

형 짜게 구는

Mayu Says
씀씀이가 짜다고 할 때는 salty가 아니라 cheap(저렴한)을 써야 합니다.
*진짜 웃기려고 하는 거 아님.

한 끗 차이지만, 검소하다고 할 땐 frugal이란 단어를 씁니다.

Related Words
#broke (빈털터리인) #poor (가난한) #penny-pincher (구두쇠)

Example Sentences
- You're so cheap! = 너 엄청 짜게 군다!
- My boss is so cheap. = 내 직장 상사 엄청 짠돌이야.
- Don't be so cheap. = 그렇게 짜게 굴지 마.
- Is he cheap or frugal? = 걔는 짠 거니 검소한 거니?
- I've never seen such a cheap person like you. = 나 너처럼 짠 사람 본 적이 없어.

challenging

[tʃǽlɪndʒɪŋ] [챌린쥉]

형 어려운(도전 의식을 느끼게 하는)
– **품** challenge: **명** 도전

Mayu Says
결국은 어렵다는 뜻이지만 difficult가 난이도에 집중한 단어라면, challenging은 어렵긴 하지만 성장에 도움이 된다는 긍정적인 뉘앙스가 담긴 단어입니다.

Related Words
#tough (어려운) #tricky (난해한) #piece of cake (엄청 쉬운 일)

Example Sentences
- This question is a bit challenging. = 이 문제는 좀 어렵네.
- It was a challenging project. = 그거 어려운 프로젝트였어.
- We welcome challenging projects. = 저희는 어려운 프로젝트를 환영합니다.
- It was challenging yet rewarding. = 그거 어렵긴 했는데 보람됐어.
- The next stage will be even more challenging. = 다음 단계는 심지어 더 어려울 거야.

Week 45

thankful [θǽŋkfl] [태ᵗ́ᵏ크훌]

⃝형 다행스러워하는
– ⃝품 thank: ⃝동 고마워하다

Mayu Says
thankful과 grateful은 둘 다 '고마워하는'이라는 뜻이지만 grateful은 좋은 일에 대한 감사를 표현하는 반면, thankful은 안 좋은 일이 벌어지지 않은 것에 대한 감사, 즉 다행임을 강조할 때가 많습니다.

Related Words
#grateful (고마워하는) #lucky (운이 좋은) #gratitude (감사함)

Example Sentences
• I'm so thankful that you're okay. = 네가 괜찮아서 참 다행이야.
• Angela was thankful to see her son again. = Angela는 아들을 다시 보는 것에 대해 감사했어.
• We are thankful that you are not hurt. = 네가 안 다쳐서 참 다행이구나.
• I am thankful to be able to sing again. = 다시 노래할 수 있음에 감사해요.
• I am thankful for everything. = 모든 것에 감사하게 생각해요.

briefly [brí:fli] [브뤼플리]

🔊 간략하게
– 🔊 brief: 🔊 간략한

Mayu Says

설명이나 소개 등이 간략하다고 할 때 쓰는데, 이때 shortly를 쓰지 마세요. shortly는 '간략하게', '짧게'가 아니라 '금방', '곧'이란 뜻입니다. 전혀 달라요.

Related Words

#clearly (알기 쉽게) #lengthy (장황한) #brief (미리 알려주다)

Example Sentences

- Please explain it briefly. = 그걸 간략히 설명해주세요.
- Let me explain my idea briefly. = 제 아이디어를 간략하게 설명해 드리죠.
- Tell us about yourself briefly. = 간략히 자기소개를 하세요.
- I talked to Ellie briefly. = 나 Ellie랑 잠시 얘기했어.
- We briefly spoke on the phone. = 저희는 잠시 통화를 했습니다.

shady [ʃéɪdi] [셰이디]

형 수상한 구석이 있는

Mayu Says

shady는 suspicious(수상한)이란 단어보다 더 캐주얼하지만 사용빈도는 으뜸입니다. 마치 shade(그늘)가 드리워진 것처럼 어두운 꿍꿍이가 느껴진다는 말이죠.

Related Words

#dishonest (솔직하지 못한) #liar (거짓말쟁이) #fraud (사기꾼)

Example Sentences

- Michael's uncle is a shady person. = Michael의 삼촌은 수상한 구석이 있는 사람이야.
- Keep an eye on that shady man. = 저 수상한 남자를 주시해.
- She has a shady past. = 그녀는 미심쩍은 과거가 있어.
- He plays a shady character in the movie. = 그는 그 영화에서 수상한 캐릭터를 연기해.
- He is involved in shady business deals. = 그는 수상한 사업 거래에 연루되어 있어.

rotten [rɑ́:tn] [롸튼]

형 썩은

– **품** rot: **동** 썩다

Mayu Says

음식이 상한 것을 rotten이라고 하지만, 권력 등이 부패했다고 할 때도 사용할 수 있습니다. 조금 더 형식적인 단어로는 decayed가 있습니다.

Related Words

#fresh (신선한) #ripe (익은) #corrupt (타락한)

Example Sentences

- Look at these rotten tomatoes. = 이 썩은 토마토들 좀 봐.
- I have a rotten tooth. = 나 썩은 이 있어.
- I threw out the rotten veggies. = 난 그 썩은 채소를 버렸어.
- Their morals are rotten. = 그들의 도덕은 부패했어.
- The whole government is rotten to the core. = 정부 전체가 완전히 부패했어.

heartbreaking

[hάːrtbreɪkɪŋ] [할트브뤠이킹]

형 마음 아프게 하는

Mayu Says
남의 마음을 아프게 하는 무언가를 heartbreaking하다고 합니다. 예)
heartbreaking story. 그리고 그런 아픔을 당한 사람은 heartbroken
(마음이 무너진)한 것이고요. 예) heartbroken man

Related Words
#sadden (슬프게 하다) #tragic (비극적인) #depressing (우울하게
하는)

Example Sentences
- I read a heartbreaking story. = 나 마음 아픈 이야기를 읽었어.
- We heard heartbreaking news. = 우리는 마음 아픈 소식을 들었어.
- The heartbreaking story made me cry. = 그 마음 아픈 이야기가
  날 울렸어.
- I was heartbroken when she dumped me. = 걔가 날 찼을 때 난
  마음이 무너졌어.
- That's heartbreaking news. = 마음 아픈 소식이군요.

364

huge [hjúːdʒ] [휴쥐]

형 엄청 큰

Mayu Says

huge는 사이즈가 큰 것일 수도, 양이 많은 것일 수도, 영향력이 엄청난 것일 수도 있습니다. big보다 한 단계 위라고 보면 되며, 조금 더 형식적인 단어로는 gigantic(거대한)이 있습니다.

Related Words

#tiny (엄청 작은) #enormous (거대한) #wide (넓은)

Example Sentences

- That is one huge cat! = 그거 참 큰 고양이네!
- The basketball player has huge feet. = 그 농구 선수는 발이 엄청 커.
- Patrick has a huge nose. = Patrick 코 엄청 커.
- She lost a huge amount of money. = 걔 돈 엄청 많이 잃었어.
- It will have a huge impact on us. = 그건 우리에게 엄청난 영향을 줄 거야.

incredible

[ɪnkrédəbl] [인크뤠더블]

형 믿을 수 없는

Mayu Says

믿을 수 없음을 표현하는 incredible과 unbelievable은 문맥에 따라 둘 다 대단하다는 좋은 뉘앙스도 될 수 있고 실망스럽다는 나쁜 뉘앙스도 될 수 있습니다.

Related Words

#amazing (놀라운) #impressive (인상적인) #credit (신용)

Example Sentences

- This is incredible! = 이거 참 대단하네!
- You did an incredible job. = 너 엄청 잘했어.
- What an incredible opportunity! = 믿을 수 없는 기회야!
- Their new logo looks incredible. = 그들의 새 로고는 믿을 수 없을 정도로 멋져.
- Wow…. This is incredible…. = 와…. 믿을 수가 없네…. *비꼼

Week 46

rough [rʌf] [뤄f]

형 거친
- **품** roughly: **부** 대략

Mayu Says
표면이 거칠다고 할 때도 사용하지만 상황이 고되다고 할 때도 씁니다.
반대로, 매끄럽거나 순조롭다고 할 땐 smooth를 쓰면 됩니다.

Related Words
#dry (건조한) #bumpy (울퉁불퉁한) #surface (표면)

Example Sentences
- The road surface was rough. = 도로 표면이 거칠었어.
- Why is my skin so rough and dry? = 내 피부가 왜 이렇게 거칠고 건조하지?
- It's been a rough year. = 고된 한 해였어.
- What a rough day! = 엄청 고된 날이네!
- Sand down the rough surface. = 거친 표면에 샌딩 작업을 해.

brand new

[brǽnd nuː] [브뤤드 뉴]

형 완전히 새로운

Mayu Says
제품 등이 완전히 새롭게 디자인되었다고 강조할 때도 쓰지만, 한 번도
쓰지 않은 완전 새것임을 강조할 때도 씁니다.

Related Words
#spanking new (완전히 새로운) #used (중고인) #outdated (구식인)

Example Sentences
- Is this brand new? = 이거 완전히 새것이에요?
- This is our brand new design. = 이건 저희의 완전히 새로운 디자
  인입니다.
- Mayu bought a brand new watch. = 마유는 새 시계를 샀어.
- They are selling brand new phones for $20. = 그들은 완전히 새
  전화기를 20달러에 팔고 있어.
- How much is a brand new computer? = 새 컴퓨터 얼마나 하니?

precious [préʃəs] [프뤠셔쓰]

형 소중한
– 품 preciousness: 명 소중함

Mayu Says

엄청 아끼는 물건이나 사람을 precious하다고 표현합니다. 소중한 사람
을 애교스럽게 부를 때도 쓰죠.
'아낀다'는 동사는 pamper를 써주면 좋습니다.

Related Words

#valuable (가치 있는) #pamper (아끼다) #treasure (보물)

Example Sentences

- You are my precious angel. = 넌 내 소중한 천사야.

- Hello, my precious! = 안녕, 내 소중한 사람!

- I'm sorry for wasting your precious time. = 당신의 소중한 시간
  을 낭비해서 미안하네요.

- Is this your precious car? = 이게 네 소중한 자동차니?

- Here comes your precious boyfriend. = 네 소중한 남자친구 납
  시네.

responsible

[rɪspɑ́ːnsəbl] [뤼스판써블]

형 책임감 있는

- **품** responsibility: **명** 책임

Mayu Says

책임감 있는 성격도 표현할 수 있지만, 어떤 손해나 임무에 대한 책임도 표현할 수 있습니다. 'be responsible for(~에 대한 책임이 있다)'도 함께 알아두면 아름답습니다.

Related Words

#loss (손해) #damage (손상) #hardworking (근면한)

Example Sentences

- Who's responsible for this? = 이건 누구 책임이죠?
- Greg is a responsible person. = Greg은 책임감 있는 사람이야.
- We are looking for responsible individuals. = 저희는 책임감 있는 분들을 찾고 있습니다.
- We are not responsible for any loss. = 저희는 그 어떤 손해에 대해서도 책임이 없습니다.
- My team is responsible for the seminar. = 우리 팀이 그 세미나에 대한 책임을 맡고 있어.

hard-working

[háːrd wɜ́ːrkɪŋ] [할드 월킹]

형 열심인
- **품** hard-worker: **명** 열심인 사람

Mayu Says
뭔가를 열심히 하고 근면 성실한 사람은 hard-working 혹은 diligent하다고 표현합니다. 노력을 먼저 떠올려 effort-making이라고 잘못 쓰는 경우가 많으니 주의하세요.

Related Words
#lazy (게으른) #passionate (열정적인) #enthusiastic (열렬한)

Example Sentences
- I am a hard-working person. = 전 뭐든 열심히 해요.
- Jenny is smart and hard-working. = Jenny는 똑똑하고 열심히 해.
- Are you a hard-working person? = 당신은 열심히 하는 사람인가요?
- Perry is a hard-working doctor. = Perry는 열심히 일하는 의사야.
- We are looking for hard-working individuals. = 저희는 열심히 하는 분들을 찾고 있습니다.

greedy [gríːdi] [그뤼디]

혱 욕심 많은
– **품** greed: **명** 탐욕

Mayu Says

단독으로 써도 좋고 명사 앞에서 꾸며줘도 좋습니다. 예) a greedy person

'돈에 눈이 먼(blinded by money)'이라는 표현도 알아두세요!

Related Words

#selfish (이기적인) #money-hungry (돈에 굶주린) #wealth (부)

Example Sentences

- Don't be so greedy. = 그렇게 욕심부리지 마.
- My boss is so greedy. = 내 직장 상사는 엄청난 욕심쟁이야.
- There are a lot of greedy people. = 욕심 많은 사람이 많아.
- You are a greedy man. = 당신은 욕심 많은 사람이군요.
- Am I being greedy? = 내가 욕심쟁이처럼 구는 거니?

annual [ǽnjuəl] [애뉴얼]

형 연례의
- 품 annually: 부 1년에 한 번

Mayu Says
해마다 하는 행사에 붙이는 형용사입니다. 그런 기념일을 anniversary
라고도 합니다. 연 2회 있는 행사를 표현할 땐 biannual(연 2회의)이라
는 단어를 써줍니다.

Related Words
#monthly (매월의) #weekly (매주의) #daily (매일의)

Example Sentences
- Welcome to our annual party. = 저희 연례 파티에 오신 것을 환영
  합니다.
- We are inviting you to our annual event. = 저희 연례 행사에 당
  신을 초대합니다.
- It's an annual thing. = 그거 1년에 한 번 하는 거야.
- I attended the annual meeting. = 나 그 연례 모임에 참석했어.
- They throw a party annually. = 걔네는 1년에 한 번 파티를 열어.

Week 47

humid [hjúːmɪd] [휴믿]

휑습한
– 품 humidity: 명 습도

Mayu Says
조금 더 캐주얼한 느낌을 주고 싶다면 sticky(끈적거리는), nasty(더러운)를 써보세요. damp(눅눅한)도 날씨를 나타낼 때 humid와 비슷한 뜻이 됩니다.

Related Words
#weather (날씨) #scorching (엄청 더운) #heatstroke (열사병)

Example Sentences
- Oh, God···. The weather is so humid! = 오, 신이시여···. 날씨 엄청 습해!
- We all hate humid weather, don't we? = 우리 다 습한 날씨 싫어하지 않나?
- I can't stand humid weather. = 나 습한 날씨는 못 참아.
- It's hot and humid in Florida. = 플로리다는 덥고 습해.
- It's not that humid in California. = 캘리포니아는 그렇게 습하진 않아.

---

quite [kwáɪt] [콰잇]

부 꽤

Mayu Says

pretty(꽤)보다는 덜 캐주얼하지만 사용빈도가 굉장합니다. 수준 있는 느낌을 주기 때문에 글이나 회화에 모두 추천합니다.

단, 스펠링 실수 하나로 quiet(조용한)이 될 수 있으니 유의하세요.

Related Words

#rather (꽤) #quiet (조용한) #much (훨씬)

Example Sentences

- English is quite easy to learn. = 영어 배우기 꽤 쉬워.
- This bracelet is quite expensive. = 이 팔찌 꽤 비싸.
- I think it's quite cheap. = 그거 꽤 싼 것 같아.
- Your place is quite nice! = 너 사는 데 꽤 괜찮다!
- Your mother is quite upset. = 너희 어머니 꽤 기분 상하셨어.

every day

[évri deɪ] [에브뤼 데이]

부 매일
- **품** everyday: **형** 일상적인

Mayu Says
'이렇게 쉬운 단어를 굳이?'라고 생각할 수도 있지만 원어민들도 틀리는 단어입니다. 이렇게 every와 day를 띄어 써야 '매일'이라는 뜻의 부사가 되는데, 많은 분들이 everyday를 붙여버립니다. 그러면 '일상적인'이라는 뜻의 형용사가 되어버려요.

Related Words
#daily (매일의) #every single day (매일매일) #every other day (이틀마다)

Example Sentences
- I see my boyfriend every day. = 나 내 남자친구 매일 봐.
- Jenna goes to school every day. = Jenna는 매일 학교 가.
- Do you go to work every day? = 너 매일 출근해?
- Warren works out every single day. = Warren은 매일매일 운동해. *강조
- This is my everyday job. = 이게 내 일상적인 일이야.

to be honest

[tu bi ɑ́:nɪst] [투 비 어니스트]

부 솔직히

Mayu Says

honestly(솔직히)와 사용빈도의 차이가 거의 없을 정도로 자주 쓰입니다. 보통 뒤에 with you를 추가하는 경우가 많습니다.

Related Words

#frankly (솔직히) #candidly (솔직히) #honest (솔직한)

Example Sentences

- To be honest, I have a boyfriend. = 솔직히, 나 남자친구 있어.
- To be honest with you, I don't really like you. = 솔직히, 나 너 별로 마음에 안 들어.
- To be honest, he's not my type. = 솔직히, 걔는 내 스타일이 아니야.
- To be honest with you, I am broke. = 솔직히, 나 거지야.
- I honestly don't know why. = 나 솔직히 이유를 모르겠어.

desperate

[déspərət] [데스퍼릿]

형 간절한
- **품** desperately: **부** 간절히

Mayu Says
뭔가를 원하는 마음이 너무 커서 필사적이고 간절하다는 말입니다. 뒤에 to do something을 추가하면 도대체 뭘 하고 싶어 간절한지를 나타낼 수 있습니다.

Related Words
#eager (갈망하는) #desperation (간절함) #passion (열정)

Example Sentences
- Why are you so desperate? = 너 왜 이리 간절한 거야?
- Are you that desperate? = 너 그렇게나 간절하니?
- You don't seem so desperate. = 그렇게 간절해 보이지 않는군.
- I am so desperate to find a job. = 나 일자리가 간절해.
- If you're so desperate, call her now. = 그렇게 간절하면 지금 걔한테 전화해.

on purpose

[ɑ́ːn pɜ́ːrpəs] [오언 펄퍼스]

부 일부러

Mayu Says

purpose(목적)를 가지고 했다는 말은 고의성이 있다는 말이 됩니다(→ 일부러). purposely도 같은 뜻의 부사지만 오히려 on purpose를 더 많이 쓰는 편입니다.

Related Words

#intentionally (고의로) #accidentally (실수로) #for a reason (이유가 있어서)

Example Sentences

- He did that on purpose! = 걔 그거 일부러 그런 거야!
- I swear! I didn't do that on purpose! = 맹세코 일부러 그런 거 아니야!
- He said that on purpose. = 그는 일부러 그렇게 말했어.
- He kicked my car on purpose. = 그는 제 차를 일부러 찼어요.
- Did you purposely hide the evidence? = 당신은 일부러 그 증거를 숨겼나요?

constantly

[kά:nstəntli] [칸스턴틀리]

부 끊임없이
- **품** constant: **형** 끊임없는

Mayu Says
끊임없이 그리고 꾸준히 한다는 말입니다. 조금 더 어려운 consistently 도 같은 의미이며 회화에서도 자주 쓰이므로 외워두시면 좋습니다.

Related Words
#repeatedly (반복하여) #continuously (계속하여) #consistency (일관성)

Example Sentences
- I am constantly hungry. = 난 끊임없이 배고파.
- My mom nagged me constantly. = 엄마가 나한테 끊임없이 잔소리했어.
- We are constantly upgrading our software. = 저희는 저희 소프트웨어를 끊임없이 업그레이드하고 있습니다.
- Errors occurred constantly. = 에러들이 끊임없이 발생했습니다.
- His business is constantly expanding. = 그의 사업이 끊임없이 확장하고 있어.

Week 48

directly [dəréktli] [더뤡틀리]

부 직접적으로
- **품** direct: **형** 직접적인

Mayu Says
멀리 돌아가거나 다른 사람을 거치지 않는다는 의미로 '바로', '직접' 정도로 해석하면 됩니다. 발음은 "더뤡틀리" 혹은 "다이뤡틀리" 둘 다 괜찮습니다.

Related Words
#indirect (간접적인) #indirectly (간접적으로) #in person (직접 만나서)

Example Sentences
- Report to me directly. = 내게 직접 보고하게.
- We flew to New York directly. = 우리는 뉴욕으로 바로 날아갔어.
- Talk to the CEO directly. = CEO와 직접 얘기해.
- Please contact him directly. = 그에게 직접 연락해주세요.
- I went directly to Busan. = 나 부산으로 바로 갔어.

in fact [ɪn fǽkt] [인 f̆액트]

부 사실상

Mayu Says

actually와 같은 의미로 쓰이며 절대 형식적인 표현이 아닙니다. as a matter of fact라는 표현도 있는데 as a를 생략하고 말하는 경우도 종종 있습니다.

Related Words

#exactly (정확히) #truth (진실) #fact (사실)

Example Sentences

- In fact, I have a crush on you. = 사실, 난 널 짝사랑하고 있어.
- In fact, this is not my car. = 사실, 이거 내 차 아니야.
- In fact, it was my mistake. = 사실, 그거 내 실수였어.
- In fact, chicken is good for you. = 사실, 치킨은 몸에 좋아.
- In fact, I can show you my dance moves. = 사실, 너한테 내 춤 보여줄 수 있어.

definitely [défɪnətli] [데f l넛리]

부 확실히
- **품** definite: **형** 확실한

Mayu Says
'확실히' 혹은 '당연히' 정도로 생각하면 되고, 사용빈도는 엄청납니다.
이 단어 하나만을 감탄사로 사용하기도 합니다. 예) Definitely! = 확실
히 그래야지! / 당연하지!

Related Words
#certainly (확실히) #absolutely (틀림없이) #maybe (아마도)

Example Sentences
- I'll definitely call you tonight. = 오늘 밤에 확실히 너한테 전화
할게.
- A: Let's hang out sometime. = 언제 한번 놀자.
  B: Definitely! = 당연하지!
- Amy definitely likes you. = Amy가 확실히 널 좋아하네.
- That's definitely my style. = 그거 확실히 내 스타일이야.
- You definitely need a girlfriend. = 너 확실히 여자친구가 필요하다.

unfortunately

[ʌnfɔ́ːrtʃənətli] [언ͬ포̧츄넛리]

🔵유감스럽게도
- **🟦unfortunate: 🟦유감스러운**

Mayu Says
fortunately(다행히)는 luckily로 종종 바꿔 쓰지만 unfortunately는 unluckily로 바꿔 쓰는 경우가 드뭅니다. 조금 더 형식적으로 쓰고 싶다면 regretfully를 추천합니다.

Related Words
#luckily (운 좋게도) #fortune (운) #sadly (슬프게도)

Example Sentences
• Unfortunately, he's not here. = 유감스럽게도, 그는 여기 없어.

• Unfortunately, he's married. = 안타깝게도, 걔는 결혼했어.

• Unfortunately, there's no room left. = 유감스럽게도, 남은 방이 없습니다.

• Unfortunately, this coupon has expired. = 유감스럽게도, 이 쿠폰은 만료되었어요.

• Unfortunately, she is not interested in you. = 유감스럽게도, 걔는 너한테 관심이 없어.

especially

[ɪspéʃəli] [이스페셜리]

부 특히

Mayu Says

specially와 헷갈리지 마세요. especially는 '무엇보다 특히'라는 느낌이고, specially는 '~만을 위해 특별히'라는 느낌입니다. 예) I made this specially for you. = 나 이거 너만을 위해 특별히 만들었어.

Related Words

#specifically (분명히) #particularly (특히) #special (특선)

Example Sentences

- I especially like the yellow one. = 난 그 노란 게 특히 마음에 드네.
- We especially loved the red wine. = 저희는 그 레드 와인이 특히 좋았어요.
- I like this car, especially its wheels. = 나 이 차 마음에 들어. 특히 바퀴가 말이지.
- It's especially cold in January. = 1월이 특히 추워.
- I love San Diego, especially in fall. = 나 샌디에이고 너무 좋아. 특히 가을에 말이야.

seriously

[sírɪəsli] [씨뤼어쓸리]

부 진지하게
- **품** serious: **형** 진지한

Mayu Says

seriously는 '진지하게', '심각하게', '진짜로', '진심으로' 등으로 다양하게
의역할 수 있습니다.

"진짜야?" 하며 놀라서 반문할 때 "Really?"보다 더 많이 쓰는 친구가
"Seriously?" 되겠습니다.

Related Words

#jokingly (농담 식으로) #really (정말로) #sincerely (진심으로)

Example Sentences

· Did you seriously kiss her? = 너 진짜로 걔한테 키스했어?

· Seriously, I need your help. = 진짜로, 나 네 도움 필요해.

· She said that seriously. = 걔 그거 진지하게 말했어.

· Josh was seriously injured. = Josh는 심각하게 부상당했어.

· Are you seriously mad? = 너 진짜 화난 거야?

ASAP [eɪ es eɪ píː] [에이 에쓰 에이 피]

(부) 가능한 한 빨리

Mayu Says:

as soon as possible을 줄인 표현이며, 영어로는 한국어와는 달리 가능한 한 '빨리(quickly)' 대신 가능한 한 '금방(soon)'이라고 합니다.
읽을 때는 철자 그대로 "에이 에스 에이 피"라고 읽어도 되고 "에이쌥"이라고 읽어도 됩니다. "아쌒"은 안 됩니다.

Related Words

#shortly (곧) #later (나중에) #early (일찍)

Example Sentences

- Finish your homework ASAP. = 네 숙제 가능한 한 빨리 끝내.
- Call me back ASAP. = 가능한 한 빨리 전화해줘.
- I'll let you know ASAP. = 가능한 한 빨리 알려줄게.
- Please come back ASAP. = 가능한 한 빨리 돌아와 주세요.
- I'll send it to you ASAP. = 그거 가능한 한 빨리 보내줄게.

Week 49

put in [pʊt ɪn] [풋 인]

동 넣다
- **불** put-put-put

Mayu Says
put(놓다)과 in(안에)을 섞은 표현입니다. 크기가 딱 맞는 공간에 끼워 넣는다는 뜻의 insert보다 put in이 더 포괄적입니다.
반대로, 뺀다고 할 때는 put out이 아니라 take out을 쓰셔야 합니다.

Related Words
#put up (올리다) #put down (내려놓다) #put away (치우다)

Example Sentences
- Put this in the fridge. = 이거 냉장고에 넣어.
- Don't put it in your mouth! = 그거 입에 넣지 마!
- Put this toy in first. = 이 장난감부터 넣어.
- I put the box in the storage. = 그 상자 창고에 넣었어.
- Put the toy in the box. = 그 장난감 상자에 집어넣어.

take out [teɪk aʊt] [테잌 아웃]

🔵동 꺼내다
- 🔴불 take-took-taken

Mayu Says
put in(넣다)의 반대인 '꺼내다'를 put out이라고 쓰면 '불을 끄다'가 되어버립니다. 어디에서 꺼내는지 표현하려면 of를 추가해서 쓰세요.

Related Words
#take away (빼앗아가다) #take down (끌어내리다) #take up (자리를 차지하다)

Example Sentences
- Take it out! = 그거 꺼내!
- The cop took out his gun. = 그 경찰관이 총을 꺼냈어.
- Take it out of the box. = 그거 상자에서 꺼내.
- She took an eyelash curler out of her pouch. = 그녀는 파우치에서 뷰러를 꺼냈어.
- Please take it out of your pocket. = 그거 주머니에서 꺼내세요.

swallow [swáːlou] [스왈로우]

동 삼키다
- 품 swallow : 명 제비

Mayu Says
음식, 침 등을 삼킨다는 뜻이며 특히 긴장해서 마른침을 꿀꺽 삼킬 때는 swallow hard라고 합니다.
반대로, 뱉는다고 할 때는 spit 혹은 spit out을 씁니다.

Related Words
#chew (씹다) #melt (녹이다) #gulp (꿀꺽 삼키다)

Example Sentences
- Swallow this pill. = 이 알약을 삼켜.
- Chew it a few times before swallowing it. = 그거 삼키기 전에 몇 번 씹어.
- The pill was too big to swallow. = 삼키기에는 알약이 너무 컸어.
- My cat cannot swallow anything. = 우리 고양이가 아무것도 못 삼켜요.
- You should swallow your pride. = 넌 자존심 좀 죽여야 해.

practice [prǽktɪs] [프뢕티쓰]

동 연습하다
– **품** practice: **명** 연습

Mayu Says
북미에서는 동사, 명사 모두 practice이지만, 영국에서는 동사는 practise, 명사는 practice라고 쓰기도 합니다. 'Practice makes perfect(연습이 완벽함을 만든다)'라는 아름다운 표현도 암기하세요. 진리니까요.

Related Words
#learn (배우다) #brush up (연마하다) #perfect (완성하다)

Example Sentences
- Practice this pattern every day. = 이 패턴을 매일 연습해.
- She is practicing really hard. = 걔 진짜 열심히 연습 중이야.
- I practiced this joke 300 times. = 나 이 농담 300번 연습했어.
- Let's practice the song together. = 그 노래 같이 연습하자.
- Mayu said, "Practice makes perfect." = 마유가 "연습이 완벽함을 만든다"고 했어.

encourage

[ɪnkɜ́ːrɪdʒ] [인커뤄쥐]

동 격려하다, 권장하다
- **품** encouragement: **명** 격려

Mayu Says
용기가 생기게끔 격려하거나 특정한 행동을 하게끔 독려, 권장하는 것을 말합니다. 단어 안에 들어 있는 courage(용기)를 떠올리면 기억하는 데 도움이 됩니다.

Related Words
#discourage (의욕을 꺾다) #cheer (응원하다) #force (강요하다)

Example Sentences
- Thank you for encouraging me. = 격려해주셔서 고마워요.
- Mayu encouraged us to study hard. = 마유가 우리에게 열심히 공부하라고 격려해줬어.
- We encourage you to see us. = 저희를 보시길 권장합니다.
- I encouraged my husband to lose weight. = 우리 남편한테 살 빼라고 권장했어.
- Leslie encouraged me to teach English. = Leslie가 저한테 영어를 가르치라고 권장했어요.

prove [prúːv] [프루v]

동 증명하다
– 붑 prove-proved-proved(proven)

Mayu Says

prove의 p.p.는 proved와 proven이 있는데, 일반적으로 have p.p.의 모양으로 쓸 때는 proved를, '증명된'이란 뜻의 형용사로 쓸 땐 proven 을 씁니다. 예) a proven fact *예외도 종종 존재하며 섞어 쓰는 경우도 있음.

Related Words

#innocence (결백) #evidence (증거) #show (보여주다)

Example Sentences

- Prove it! = 증명해봐!
- I'm going to prove her innocence. = 내가 그녀의 결백을 증명해낼 거야.
- She proved her identity. = 그녀는 자기 신분을 증명했어.
- We have already proved it. = 저희는 그걸 이미 증명했습니다.
- That's a proven fact! = 그건 증명된 사실이야!

fire [fáɪə(r)] [f́ㅏ이얼]

동 해고하다

Mayu Says
fire는 해고한다는 뜻의 단어 중에 가장 보편적으로 쓰이지만 어감이 강합니다. 조금 더 형식적이고 덜 극단적인 단어로는 dismiss가 있습니다.

Related Words
#dismissal (해고) #lay off (임시 해고하다) #retire (은퇴하다)

Example Sentences
- My boss fired me. = 내 상사가 날 잘랐어.
- She eventually got fired. = 그녀는 결국 해고됐어.
- Why did you fire the new guy? = 그 신참을 왜 해고한 거요?
- I hope she fires you. = 그녀가 널 잘랐으면 좋겠어.
- They'd better not fire me. = 그들은 날 자르지 않는 게 좋을 거야.

Week 50

whine [wáın] [와인]

동 징징대다
– 품 whiner: 명 징징대기만 하는 사람

Mayu Says
아이가 징징댄다는 걸 complain(불평하다)이라는 단어로 표현하면 좀 딱딱할 수 있습니다. 그럴 땐 whine을 쓰세요. 마시는 wine과 스펠링을 헷갈리지 않도록 주의하세요.

Related Words
#complaint (불평) #pouty (부루퉁한) #upset (기분이 상한)

Example Sentences
- Stop whining! = 그만 징징대!
- His child kept whining. = 그의 아이가 계속 징징대더군요.
- He was whining about his problem. = 걔는 자기 문제에 대해 징 징댔어.
- I'm tired of you whining. = 네가 징징대는 거 질린다.
- She constantly whined about her issue. = 걔는 자기 문제에 대 해 끊임없이 징징댔어.

moody [múːdi] [무디]

형 기분 변화가 심한, 기분이 안 좋은
- **품** mood: **명** 기분

Mayu Says

moody는 무드가 있다는 의미가 아닙니다. 오히려 부정적인 말이죠.
오늘따라 뭔가 기분이 안 좋을 땐 "I'm in a bad mood today"라고 하
세요.

Related Words

#feelings (감정) #picky (까다로운) #mood swing (기분 변화)

Example Sentences

- My sister gets moody sometimes. = 우리 언니는 가끔 기분 변화
  가 심해.
- Brian seemed moody today. = Brian은 오늘 기분이 안 좋아 보였어.
- Her boyfriend is so moody. = 걔 남자친구는 기분 변화가 엄청
  심해.
- Why is she so moody today? = 걔 오늘 왜 이리 뚱해?
- I get moody from time to time. = 나 가끔 뚱해져.

confused

[kənfjúːzd] [컨퓨ㅈㄷ드]

형 혼란스러워하는

Mayu Says
기본적으로 confuse(혼란스럽게 하다)를 이해하면 confused와 confusing을 헷갈릴 수가 없습니다. 혼란을 겪는 사람은 confused된 것이고, 남을 혼란스럽게 하는 것은 confusing한 것이죠.

Related Words
#confusion (혼란) #misunderstanding (오해) #puzzled (얼떨떨해하는)

Example Sentences
- She was really confused. = 걔 엄청 혼란스러워했어.
- I was confused when he said that. = 걔가 그렇게 말했을 때 나 혼란스러웠어.
- Are you still confused? = 너 아직 혼란스럽니?
- Honestly, I'm a bit confused. = 저 솔직히 좀 혼란스러워요.
- This question is so confusing. = 이 질문 엄청 헷갈려.

stiff [stíf] [스티ㄹ프]

휑 뻣뻣한
– 품 stiffness: 명 뻣뻣함

Mayu Says

몸이나 물건이 뻣뻣하다고 할 때 사용하며, 반대로 유연할 땐 limber를 씁니다. steep라는 단어와 헷갈리는 경우가 많은데, 그건 가파르다는 뜻 이에요.

Related Words

#hard (단단한) #smooth (매끄러운) #soft (말랑말랑한)

Example Sentences

- The collar is very stiff. = 옷깃이 엄청 뻣뻣해.
- His body is as stiff as a board. = 걔 몸은 판자만큼 뻣뻣해.
- I need a stiff cardboard. = 나 뻣뻣한 판지가 필요해.
- This plastic board feels really stiff. = 이 플라스틱 판자 엄청 뻣뻣 하다.
- Is this cardboard stiff enough? = 이 판지 충분히 뻣뻣해?

dessert [dɪzɜ́ːrt] [디절트]

명 디저트

Mayu Says
dessert는 쉬운 단어 같지만, 통역을 공부하는 학생들도 혼동하는 단어입니다. 바로 desert(사막)가 헷갈리게 하는 주범인데요, 스펠링뿐만 아니라 발음도 다릅니다. *사막은 "데절트"에 가까움.

Related Words
#appetizer (전채) #main dish (주요리) #side dish (곁들임 요리)

Example Sentences
- We need some dessert. = 우리 디저트 좀 필요하잖아.
- I'm craving some dessert. = 나 디저트 좀 당기는데.
- What's for dessert? = 디저트는 뭐예요?
- I always have room for dessert. = 디저트를 위한 배는 항상 있지.
- I made some dessert for you. = 나 디저트 좀 만들어봤어.

conference

[kάːnfərəns] [칸f ㅓ뤈쓰]

명 회의

Mayu Says

conference는 confer라는 동사를 기반으로 하는데, discuss처럼 상의한다는 뜻입니다.
conference는 보통 meeting보다 스케일이 더 크고 목적이 뚜렷하며 조직적으로 모여서 하는 회의를 말합니다.

Related Words

#discuss (논의하다) #video conference (화상 회의) #conference call (전화 회의)

Example Sentences

- I can't attend the conference. = 저 그 회의 참석 못 해요.
- The conference took place in Seoul. = 그 회의 서울에서 열렸어.
- There was a huge conference in LA. = LA에서 큰 회의가 있었어.
- It's an important conference. = 그거 중요한 회의야.
- It was a 3-day conference. = 그건 3일간의 회의였어.

suck [sʌk] [썩]

동 빨다, 형편없다
– 품 suction: 명 흡입

Mayu Says
suck 뒤에 in을 추가하면 의미가 더욱 강조되어 '빨아들이다'라는 뜻이
됩니다.
suck은 슬랭으로 '형편없다'는 뜻의 동사도 되는데, 당장 안 쓰더라도
알아두면 미드에서 많이 듣게 될 거예요.

Related Words
#sucky (형편없는) #lick (핥다) #bite (깨물다)

Example Sentences
- The child was sucking a mint. = 그 아이는 박하사탕을 빨고 있었어.
- It sucked in all the moisture. = 그게 모든 수분을 빨아들였어.
- The baby is sucking his thumb. = 아기가 엄지손가락을 빨고 있어.
- This party sucks. = 이 파티 형편없네.
- I suck at math. = 나 수학 형편없이 못해.

Week 51

kind of [káɪnd ʌv] [카인드 어ᵥ]

부 좀

Mayu Says
완전히 그렇다는 것이 아니라 '대략', '대충', '어느 정도' 그렇다는 말입니다. 예) 완전 배고파! VS 배가 좀 고파.
캐주얼하게 자주 쓰이지만 문장에 없더라도 문제가 되진 않습니다.

Related Words
#totally (완전히) #sort of (좀) #absolutely (확실히)

Example Sentences
- I kind of like you. = 나 너 좀 좋아해.
- You're kind of cute. = 너 좀 귀엽다.
- I'm kind of mad at you. = 나 너한테 좀 화났어.
- This hat is kind of my style. = 이 모자 약간 내 스타일이야.
- Aren't you kind of hungry? = 너 좀 배고프지 않니?

opportunity

[ɑːpərtúːnəti] [아펄튜너티]

명 기회

Mayu Says

긍정적인 기회, 자신에게 이득이 될 수 있는 기회를 뜻합니다. chance
도 마찬가지로 긍정적인 기회를 말하기도 하지만, '친구 등을 만날 기회
가 있었다(시간이 됐다)' 정도의 중립적인 의미로 쓰이기도 합니다.

Related Words

#luck (행운) #once-in-a-lifetime opportunity (인생에 한 번 찾아오
는 기회) #moment (순간)

Example Sentences

- Such an opportunity only comes once. = 그런 기회는 한 번만 찾
  아와.
- It was a huge opportunity for us. = 그건 우리에게 큰 기회였어.
- Don't miss out on this opportunity. = 이 기회를 놓치지 마.
- Thank you for giving me this opportunity. = 이런 기회를 주셔서
  고맙습니다.
- Here's your opportunity. = 너에게 기회가 왔어.

fair [fér] [f에얼]

형 공평한
- **품** fairly : **부** 공평하게

Mayu Says
이 단어가 바로 '페어플레이 하자' 할 때 쓰는 fair입니다.
부사인 fairly를 쓰면 '공평하게'라는 뜻도 되지만, '꽤나', '상당히'라는 의
미가 될 수도 있으니 주의하세요.

Related Words
#unfair (불공평한!) #equal (동등한) #fare (교통 요금)

Example Sentences
- That sounds fair. = 공평하게 들리네요.
- That's not fair! = 공평하지 않아요!
- Their decision was not fair. = 그들의 결정은 공평하지 않았어.
- That's so unfair. = 그거 엄청 불공평해요.
- It was fairly easy. = 그거 꽤나 쉬웠어.

compliment

[kάːmplɪmənt] [캄플리먼트]

명 칭찬
- **품** compliment: **동** 칭찬하다

Mayu Says

뭔가를 보완한다는 뜻의 동사 complement와 헷갈리지 않게 주의하
세요.
무엇에 대한 칭찬인지 표현할 땐 뒤에 on을 추가하시면 됩니다.

Related Words

#praise (칭찬) #honor (명예) #proud (뿌듯한)

Example Sentences

- Thank you for the compliment = 칭찬해주셔서 고마워요.
- Is that a compliment? = 그거 칭찬이에요?
- She received a compliment. = 걔는 칭찬을 받았어.
- You deserve my compliment. = 넌 내 칭찬을 받을 만해.
- Mayu complimented me on my English. = 마유가 내 영어를 칭
  찬했어.

bother [báːðə(r)] [바ᵗ벌]

图 신경 쓰이게 하다
- 圐 bothersome: 阌 성가신

Mayu Says
남을 신경 쓰이게 하거나 방해하거나 성가시게 한다는 의미입니다.
annoy(짜증 나게 하다)보다는 약한 강도라고 생각하시면 됩니다.

Related Words
#disturb (방해하다) #interrupt (중단시키다) #meddle (간섭하다)

Example Sentences
- Stop bothering your brother. = 네 동생 좀 그만 방해해.
- Am I bothering you? = 제가 신경 쓰이나요?
- Is this bothering you? = 이게 신경 쓰이나요?
- I don't want to bother you anymore. = 널 더 이상 성가시게 하고
  싶지 않아.
- I'm sorry to bother you. = 성가시게 해서 죄송해요.

handshake

[hǽndʃeɪk] [핸드셰익]

명 악수
- 품 shake hands; 동 악수하다

Mayu Says

비즈니스 상황에서는 짧고 강한 악수로 자신감과 신뢰를 전달할 수 있습니다. 악수를 한다고 표현할 땐 shake hands with someone 혹은 give someone a handshake을 쓰세요.

Related Words

#high five (하이파이브) #greeting (인사) #hug (포옹)

Example Sentences

- Her father gave him a handshake. = 그녀의 아버지가 그와 악수를 했어.
- Mr. Smith gave me a handshake. = Smith 씨는 나와 악수를 했어.
- It was a firm handshake. = 그건 강한 악수였어.
- The CEO greeted me with a handshake. = 그 CEO는 날 악수로 맞이했어.
- They refused to shake hands. = 그들은 악수하기를 거부했다.

convince [kənvíns] [컨인쓰]

동 납득시키다

Mayu Says
convince는 납득시키거나 마음을 바꾸게 하는 정도라면, persuade는
설득하여 실제로 특정 행동까지 취하게 하는 것을 말합니다. *실제로는 차
이가 미미함. convince의 사용빈도가 월등히 높습니다.

Related Words
#persuasion (설득) #push (압박하다) #force (강요하다)

Example Sentences
- I couldn't convince my dad. = 나 우리 아빠 납득시키지 못했어.
- I tried to convince my boss. = 난 우리 상사를 납득시키려고 노력
  했어.
- Convince me. = 날 납득시켜.
- Why don't you try to convince your parents? = 부모님을 납득시
  켜보는 게 어때?
- We failed to convince the CEO. = 우린 CEO를 납득시키지 못했어.

Week 52

consider [kənsídə(r)] [컨씨덜]

동 고려하다, 여기다
– **품** consideration: **명** 고려

Mayu Says
'consider v+ing(v+ing하는 걸 고려해보다)'라는 패턴은 무조건 알아야
합니다. 고려한다는 뜻도 되지만, 여긴다는 뜻도 됩니다.
예) I consider you my friend(나는 널 내 친구로 여겨).

Related Words
#rethink (다시 생각하다) #ponder (곰곰이 생각하다) #deeply (깊게)

Example Sentences
- Please consider working with us. = 저희와 일하는 걸 고려해주
세요.
- I considered living with Lisa. = 나 Lisa랑 사는 거 고려해봤어.
- She considered running the organization. = 그녀는 그 단체를 운
영하는 걸 고려해봤어.
- Consider studying abroad. = 해외에서 공부하는 걸 고려해봐.
- He considers me his brother. = 그는 날 형제로 여겨.

DAY 359

basically [béɪsɪkli] [베이씨클리]

부 근본적으로

– **품** basic : **형** 근본적인

Mayu Says

자세한 설명 대신 대략의 아이디어만 요약해서 말할 때 많이 씁니다. 원어민들이 습관처럼 입에 달고 사는 단어니까 무조건 익혀주세요.

Related Words

#essentially (근본적으로) #actually (사실상) #roughly (대략)

Example Sentences

- You are basically right. = 네 말이 근본적으로는 맞아.
- It's basically a wireless device. = 그건 근본적으로는 무선 장치입니다.
- Marriage is basically living with your best friend. = 결혼 생활은 근본적으로 가장 친한 친구와 함께 사는 거야.
- What is it basically? = 그게 근본적으로 뭐야?
- Basically, I have feelings for you. = 근본적으로는, 내가 너한테 마음이 있다는 거야.

treat [tri:t] [트릿]

동 치료하다
- 품 treatment: 명 치료

Mayu Says
치료한다는 의미 외에 뭔가를 다루거나 취급한다는 뜻도 있습니다. 명사인 treatment에는 가벼운 시술도 포함합니다. 예) 피부 관리

Related Words
#cure (치유하다) #fix (고치다) #nurse (간호하다)

Example Sentences
- The doctor treated my skin carefully. = 의사 선생님이 내 피부를 조심스레 치료했어.
- He was treated for bruises. = 걔는 타박상 치료를 받았어.
- Minor wounds can be treated at home. = 작은 상처는 집에서 치료될 수 있습니다.
- The patient will be treated for cuts. = 그 환자는 찰과상 치료를 받을 것입니다.
- Tina is receiving treatment. = Tina는 치료를 받고 있어.

cheat [tʃíːt] [춰잇]

동 부정행위를 하다
– 품 cheating: 명 부정행위

Mayu Says

cheat은 부정행위를 한다는 의미에서 바람을 피운다는 뜻이 될 수도 있고 커닝을 한다는 뜻이 될 수도 있습니다. 슬프지만 cheat on someone (~를 두고 바람피우다)을 알아두세요.

Related Words

#cunning (교활한) #liar (거짓말쟁이) #selfish (이기적인)

Example Sentences

- My boyfriend cheated on me. = 내 남자친구가 날 두고 바람피웠어.
- Are you cheating on your boyfriend? = 너 남자친구 두고 바람피우는 거야?
- Ellie cheated on the test. = Ellie는 그 시험에서 커닝했어.
- You'd better not cheat on the exam. = 너 그 시험에서 커닝 안 하는 게 좋을 거야.
- Never cheat on me. = 절대 날 두고 바람피우지 마.

purchase [pɔ́ːrtʃəs] [펄처쓰]

동 구매하다
- **품** purchase: **명** 구매

Mayu Says
구매하는 것과 사는 것의 차이 정도로 purchase가 buy보다 조금 더 형식적입니다. make a purchase(구매하다)라는 표현도 알아두세요.

Related Words
#proof of purchase (구매 증거) #buy (사다) #consumer (소비자)

Example Sentences
- They purchased a new car. = 그들은 새 차를 구매했어.
- You can purchase them online. = 그 물건들을 온라인에서 구매하실 수 있어요.
- Please purchase your ticket today. = 오늘 당신의 티켓을 구매하세요.
- If you purchase one, the second one is free. = 하나를 구매하시면 두 번째 것은 무료예요.
- Keep this receipt as proof of purchase. = 이 영수증을 구매 증거로 가지고 계세요.

press [prés] [프뤠쓰]

통 누르다

Mayu Says

press는 push(누르다, 밀다)와는 달리 뭔가를 민다는 의미는 될 수 없습니다. 그런 면에서 push가 더 포괄적인 의미라고 볼 수 있겠죠.
press는 '다림질하다'라는 뜻으로도 쓸 수 있으니 참고하세요.

Related Words

#click (클릭하다) #repeatedly (반복하여) #scroll down (스크롤을 내리다)

Example Sentences

- Press the green button. = 녹색 버튼을 눌러.
- Do not press this red button. = 이 빨간색 버튼 절대 누르지 마.
- Press it hard. = 그걸 세게 눌러.
- I accidentally pressed the Insert button. = 나 실수로 '삽입' 버튼을 눌렀어.
- Press this button to open the door. = 문을 열려면 이 버튼을 눌러.

raise [réɪz] [뤠이ㅈ]

등 올리다
- 품 raise: 명 인상

Mayu Says
raise(올리다)와 rise(오르다)를 헷갈리는 경우가 많으니 주의하세요. 누 군가 price를 raise하면 그 price가 rise하는 겁니다.

Related Words
#lower (낮추다) #increase (증가시키다) #fundraiser (모금 행사)

Example Sentences
- They raised the price. = 그들이 그 가격을 올렸어.
- We haven't raised the price. = 저희는 그 가격을 올리지 않았습 니다.
- We are going to raise the price soon. = 저희는 곧 그 가격을 올릴 거예요.
- Don't raise your voice. = 목소리 올리지 마. → 목소리 높이지 마.
- Raise your arms. = 팔을 올리세요. → 팔을 드세요.

popular [páːpjələ(r)] [파퓰럴]

형 인기 있는
- **품** popularity: **명** 인기

Mayu Says
잘 알려진 것이 무조건 인기가 있지는 않은 것처럼 popular은 famous(유명한)와 다릅니다. 더욱 캐주얼하게 쓰고 싶다면 hot을 써도 좋습니다.

Related Words
#trend (유행) #old-fashioned (구식인) #sold out (품절된)

Example Sentences
- Mayu's book is quite popular. = 마유의 책은 꽤 인기 있어.
- Selena is a popular girl. = Selena는 인기 있는 여자애야.
- He used to be popular in college. = 걔는 대학 시절에 한때 인기가 있었어.
- This is a popular restaurant. = 여기 인기 있는 식당이야.
- Who's the most popular guy in your class? = 너희 수업에서 가장 인기 있는 남자애가 누구야?

index

1일 1단어

초판 1쇄 발행 2020년 12월 21일
초판 6쇄 발행 2024년 2월 28일

지은이 마스터유진
펴낸이 안병현 김상훈
본부장 이승은 **총괄** 박동옥 **편집장** 임세미
편집 한지은
마케팅 신대섭 배태욱 김수연 **제작** 조화연

펴낸곳 주식회사 교보문고
등록 제406-2008-000090호(2008년 12월 5일)
주소 경기도 파주시 문발로 249
전화 대표전화 1544-1900 **주문** 02)3156-3665 **팩스** 0502)987-5725

ISBN 979-11-5909-999-1 (03740)
책값은 표지에 있습니다.